엄마와 딸

엄마와 딸

신달자
에세이

민음사

차 례

엄마에게 보내는 편지 ——— 7

엄마와 딸, 가장 멀고도 가까운 ——— 13
딸의 이름으로 70년 ——— 17
엄마의 이름으로 45년 ——— 25
죽음 후에 비로소 보이는 엄마 ——— 30
엄마! 다음 생엔 내 딸로 태어나세요 ——— 35
딱 너 같은 딸 하나만 낳아 봐라! ——— 40
딸들의 고해성사 ——— 45
돈도 들고 마음까지 아픈 혈육 ——— 57
엄마의 원초적 죄책감 ——— 62
널 보면 내 기분이 어떨 것 같니? ——— 67
그래도 마 니는 될 끼다 ——— 72
부적격 엄마와 부적격 딸 ——— 78
엄마의 약점을 냉혹하게 지적하는 딸 ——— 84
엄마의 지나가는 말 한마디에 상처 받는 딸 ——— 89
감정 검진을 받아라 ——— 96
감정 종기를 다스려라 ——— 103
상처 회복 탄력성을 키워라 ——— 109
여자 엄마, 남자 엄마 ——— 113

변화가 아닌 진화로 —— 119
엄마의 한을 딸에게 풀지 마라 —— 123
폭력의 대화, 비폭력의 대화 —— 127
가장 아팠던 순간을 이야기해 보자 —— 133
글로벌 파트너십으로 발전하라 —— 138
모든 엄마와 딸은 애정 결핍 증후군 환자 —— 142
한 번은 끝까지 싸워라 —— 147
말 안 통하는 엄마, 말 안 통하는 딸 —— 151
말대답, 말대꾸가 살아 있는 대화 —— 156
엄마 과목, 딸 과목, 서로 공부가 필요하다 —— 163
복잡한 엄마, 단순한 딸 —— 70
엄마는 딸의 인생 코치 —— 175
20등 하던 엄마, 20등 하는 딸 못 참는다 —— 179
엄마! 나도 멋져? —— 186
친정 엄마 —— 190
가까이, 더 가까이 —— 195
세상에 단 하나뿐인 친구 —— 200
엄마와 딸의 노래 —— 206

딸에게 보내는 편지 —— 209

엄마에게 보내는 편지

 엄마, 잘 있어요? 그곳이 어딘지 정확히는 몰라도 아주아주 좋은 곳, 영원한 생명이 있는 곳이라고 생각해요. 만약 그런 곳이 아니라면 제가 하느님께 따질 거예요. 엄마를 그런 곳에 안 보내면 하느님이 아니라고 말이에요. 엄마는 그럴 자격이 있으니까, 살아생전에 복이라고는 엄마 손을 거친 적 없이 다른 사람에게 나누어 주기만 했으니까, 엄마는 아마도 영원히 최상의 나라에서 살기 위한 큰 분의 계획이라고 저는 생각하고 있어요.

 엄마! 저를 떠난 지 35년이 되어 가요. 그러니까 제가 엄마 없이 35년을 살았다는 이야기가 됩니다. 말도 안 돼요. 그렇게 세월이 흘렀다니요. 이제 알겠네요. 제가 왜 그렇게 아팠는지,

왜 그렇게 외로웠는지, 왜 그렇게 위로받지 못했는지, 어쩌면 그렇게도 가슴이 터지게 아렸는지요. 그 이유는 단 하나, 엄마가 안 계셨기 때문이에요. 엄마가 눈감을 때 전 알았어요. 아, 이제 일방적으로 저를 사랑해 줄 사람은 우주 안에는 없다고요. 그러니 제가 그토록 아팠지요.

생각하면 지금도 저는 "엄마, 미안해." 이 말을 하고 또 해야 해요. 큰절을 천만 번이라도 하면서 속죄를 해도 시원치 않을 딸입니다. 왜 그렇게 못되게 굴었는지 모르겠어요. 단 한 번도 고분고분 말하지 않았어요. 엄마가 안 된다는 것은 정말 다 아닌 것인데 엄마 말을 귓등으로 들어 제 인생이 더 절뚝거렸다고 생각해요. 엄마에게는 누구보다 죄인인 제가 엄마에게 해야 할 말은 이 세상을 덮어도 모자랄 겁니다.

제 몸을 세우는 비타민은 바로 늘 엄마에게 말하면서 일하는 거예요. 눈앞에 엄마가 있는 것처럼 "엄마, 나 강의하고 왔어. 너무 힘들어." 그렇게 말하면서 피곤을 잊기도 해요. 며칠 지난 국에 밥만 말아 혼자 먹을 때도 "그치, 엄마, 이렇게 먹으면 안 되는데, 이런 악식을 하지 말아야 하는데, 엄마가 잘 먹으라고 했는데. 엄마, 냉장고에 가득 음식을 넣어 두고 또 국에 밥만 말아 먹고 있는 거 보기 싫지?" 혼자 그렇게 엄마에게 말하면 밥이 그래도 잘 넘어가요. 하루 종일 일하고 집에 와 쓰러지듯 침대에 누우면 그때도 "엄마, 속상하지?" 하면서 온몸이 땅에 녹아내릴 듯한 피로를 견딘다니까요. 엄마 손잡는 것보다는 못하지만 그래도 엄마 엄마 두어 번 부르기만 해도 견딜 만해요.

저는 한때 엄마가 너무 싫었어요. 양머리를 안 하고 비녀를 꽂은 채 친구들 앞에 나타나는 것도 싫었어요. 그래서 제가 만약에 딸을 낳으면 저는 근사한 엄마가 될 거라고 생각했어요. 우리 엄마가 얼마나 근사한 여자인 줄 모르고 그딴 얌체 같은 생각을 했던 거예요.

엄마는 이 세상에서 가장 멋있는 엄마예요. 온몸을 바쳐 자신의 인생을 제대로 살아 보려고 안간힘을 썼는데, 참 운명은 야박했어요. 엄마는 엄마의 꿈을 반쪽도 이루지 못하고 너무 빈곤한 처지에서 눈을 감았어요. 그것도 제가 가장 불행했을 때, 아니 식어 가는 엄마 손을 잡을 어떤 힘도 없을 때, 그때 엄마는 제 곁을 떠났습니다.

"이 세상에서 가장 불쌍한 여자 나오라고 하면 달자가 걸어 나올 것 같다." 말씀하시고 며칠 안 된 날에 눈을 감으셨으니 제 어찌 그 한을 감당하겠어요, 엄마.

제가 엄마를 용서할 수 없는 것은 이거 하나예요. 어떻게 저에게 엄마가 가장 필요할 때 가실 수 있었는지요. 그러나 엄마가 절 용서하지 못할 것은 너무나 많아요.

제가 잘못 살아서도 그렇지만 단 한 번도 엄마의 외로움을 알지 못했어요. 엄마가 여자라는 것도 몰랐어요. 엄마는 그저 욕하고 소리 지르고 빨래하고 밥하는 사람으로만 알았어요. 엄마에게도 그리움이 있다는 것을, 엄마에게도 성욕이 있다는 것을, 전 몰랐어요. 미혼일 때는 물론이고, 결혼하고 아이를 낳고도 엄마의 여성성에 대해 고민한 적이 단 한 번도 없었어요. 저녁나절 혼자 술 한잔 마시면 "왜 술이야, 정말 보기 싫어." 했던 거 엄마 기억하죠? 아, 왜 그때는 몰랐을까요, 엄마. 깊은 한숨을 몰아쉴 때도 그랬어요. "왜 또 한숨이야!" 그렇게 엄마를 핀잔만 했어요.

엄마, 미안해요, 정말 죄송해요. 딸이 무슨 소용이 있어요. 정작 엄마의 가장 속 깊은 마음을 들여다볼 줄 모르는 딸, 그게 무슨 소용이에요. 엄마가 술을 마시며 부르던 그 아리랑 노래, 엄마 지금 그 노래 제가 불러요.

> 앞 강물 흘러흘러 넘치는 물로도
> 떠나는 당신 길을 막을 수 없거든
> 이 내 몸 흘리는 두 줄기 눈물이 어떻게 당신을 막으리요.

엄마가 부르던 노래를 제가 불러요. 흐르는 강물을 막을 수 없듯이 내 두 눈에 흐르는 두 줄기 눈물을 누가 막아 주리요, 라는 그 노래를 엄마, 나는 딸들도 모르게 불러요.

엄마, 세월이 많이 흘렀어요. 놀라지 마세요, 엄마, 제가 일흔이 되었어요. 어머나, 저도 놀라겠네요. 제가 일흔이니 엄마 돌아가실 때보다도 나이가 많아요.

그러나 엄마, 이젠 걱정 마세요. 제 딸들도 잘 살고 있고, 성당에도 잘 나가고, 아이들도 잘 기르는 훌륭한 여성이 되어 있어요. 엄마가 아들 낳으라고 "하나만 더 낳아라, 낳아라." 하던 막내딸도 잘 살고 있어요. 엄마가 보면 "달자도 이젠 복이 많구나." 하실 거예요. 사위들은 또 얼마나 좋은데요. 아주 근사해요, 엄마.

제 건강이 좀 시들시들하지만요, 그냥 버틸 만해요, 엄마. 꼭 이럴 때 엄마가 해 주는 청국장찌개나 칼국수를 먹었으면…… 아, 그러면 제 병이 모두 나을 것 같아요. "먹어라, 먹어라, 자, 한 숟가락만 더 먹어라." 하시던 그 목소리까지 내가 먹을 수 있다면, 지금 저 날 수 있을 것 같아요, 엄마.

때론 혼자 울어요, 엄마. 옛날에 엄마가 다락방에서 혼자 울었듯이……. 그리고 그다음 날 얼굴이 퉁퉁 부어 있는 걸 보면 너무 놀라요. 꼭 엄마 닮았어요. 나 엄마 닮는 거 싫은데, 너무 닮았어요. 그래서 알아요. 늘 부어 있던 엄마의 얼굴…… 이제 알아요. 늘 밤에 울었다는 것을요.

엄마, 그러나 이젠 울지 않아요. 오늘 하루, 오늘 한순간을 행복해하며 살 거예요. 그것이 엄마가 바라는 것이니까요.

엄마, 저에게 시간이 얼마나 남았는지 모르지만, 순하게 살다 갈게요. 엄마에게 "그래, 잘 살았다."라는 말 들으며 눈감을게요. 행복하게, 유쾌하게 인생의 마무리를 지으며 잘 살게요.

엄마와 딸,
가장 멀고도
가까운

 어느 모임에서 "이 세상에서 가장 가까운 관계는 무엇인가."라는 질문에 절반은 부부, 절반은 엄마와 딸이라고 답했다. 가족 중에는 아빠와 딸도 있고 엄마와 아들도 있지만, 엄마와 딸의 관계는 부부라는 무촌의 관계와 같다는 결론이 나왔다. 가깝다는 이유로 그런 결론을 내렸는지 모른다. 그러나 부부의 관계와 엄마와 딸의 관계는 너무나 크게 다르다.

 부부 사이는 너무 밀착되어 있어 더러 '한 몸'이라고 할 만큼 머리카락 한 올의 간격도 없어 보이지만, 부부 사이에는 물질적·감정적 계산이 있을 수 있지만, 엄마와 딸 사이에는 물질적·감정적 계산이 없다. 부부 사이에는 이별이 늘 내재되어 있지만, 엄마와 딸 사이에는 영원히 이별이 없다. 죽음도 그 이별을 허용하지 않는다. 자식은 가슴에 묻는다고 하지 않는가. 그렇다. 부부 사이에는 치열한 운명론이라는 것이 없다. 물론 혈육도 없다.

부부 사이는 정신적·육체적 통증을 유발하는 관계다. 그러나 엄마와 딸 사이는 정신적·육체적 통증에다 영혼의 통증까지 갖춘 관계라고 말할 수 있다. 부부간의 통증은 때론 한편에서 지겹고 뻔한 일이 될 수 있지만, 그래서 부부 만성 통증 환자들의 고통이 심화해 가는 이유이지만, 엄마와 딸 사이의 통증은 지겹고 뻔한 일이 아니라 나 자신의 심장에 총알이 박히는 통증을 앓게 되는, 고문이면서 고문이 아닌 통증을 감수하는 것이다.

그러므로 이 세상에서 가장 질기고 가장 치열하고 가장 완전한 사랑은 엄마와 딸의 관계라고 말할 수 있다. 이렇게 완벽한 하나의 관계에 놓이면서 엄마와 딸은 이 세상에서 가장 다정한 모녀간이 된다. 그러나 이 다정함에는 수천 개의 감정이 숨어 있다. 그리고 본능이 우뚝 서 있다.

엄마와 딸 사이는 간단한 관계가 아니다. 미워하고 사랑하고, 창피해하고 자랑스러워하고, 아픈 곳을 할퀴고 무자비하게 상처를 주고, 다시 그 상처를 어루만지기 위해 필사적으로 노력하며 빌고 미안해하고, 울고불고 통곡도 마다하지 않는다. 눈물이야말로 엄마와 딸 사이에 핏빛으로 흐르는 강물이다. 격렬하게 분노하고 격렬하게 싸우고, 그리고 격렬하게 몸을 다 바쳐 사랑한다.

부부도 싸우고 엄마와 딸도 싸운다. 부부도 서로 무시하고 얕보고 벌레 취급까지 하면서 인간의 선을 넘는 강도 높은 말로 골수에 사무칠 막말을 한다. 싸우고 있기 때문이다. 엄마와 딸도 서로 무시하고 "네까짓 게 뭘 한다고?" 하는 선을 넘는 막말에 치닫지만, 엄마와 딸은 부부보다 쉽게 말들의 내용에 대해 잊어버린다.

어머니와 딸은 의견을 달리한다. 격렬하게 거부하기도 하는데 어느새 다시 격렬하게 뭉치면서 오히려 주변을 놀라게 하기도 한다. 서로 상처를 사금파리로 찌르듯 하지만 또한 가장 부드러운 솜으로 치유하는 것이 엄마와 딸이다. 엄마의 말이 혹은 딸의 말이 심리적으로 심각한 상처로 남는다고는 하나 부부보다는 오래가지 않는다는 이야기다. 부부 관계는 치명적으로 고통을 줄 때 심장에 문신을 새긴다는 말도 있다. 그렇다면 엄마와 딸은 부부 관계보다는 훨씬 농도가 짙고 뼈까지 시린 관계라고 하면 맞지 않을까. 부부처럼 한 몸이 된 것이 아니라, 이미 한 몸에서 같은 성(性)으로 출발한 관계이므로.

엄마와 딸은 왜 그 어떤 관계보다 복잡하고 예민하며 죽도록 사랑하는 관계인가. 그것은 아마도 엄마는 딸이, 딸은 엄마가 '자기 자신'이라고 생각하고 있기 때문 아닐까. 독립성이 없는 두 가지 생이 두 가지 얼굴이 겹쳐지면서, 자신이 싫듯 싫어하고 자신이 안쓰럽듯 안쓰러워하는 것 말이다.

그것은 엄마 속에 딸이 있고 딸 속에 엄마가 존재하고 있기 때문일 것이다. 그러므로 엄마는 딸의 잘못을 그냥 지나치지 못하고 딸도 엄마의 약점을 아무렇지도 않게 넘어가지 못하는 것이다. 생리적으로 현실적으로 여자, 딸 그리고 엄마라는 공통 이름을 가짐으로써 서로 바라보고 생각하고 행동하는 것이 같기 때문일 것이다.

엄마가 가난할 때, 병들었을 때, 사람들에게 인정받지 못할 때, 외로울 때, 딸은 신경질 나고 울화가 치민다. 비로소 엄마가 죽었을 때 엄마의 고통과 시련이 백배로 가슴을 누른다. 그때 똑똑히 엄마의 상처와 눈물 젖은 가슴이 보인다.

딸이 가난할 때, 병들었을 때, 사람들에게 인정받지 못할 때, 외로울 때, 엄마는 딸의 고통보다 천배로 앓는다. 온몸이 찢어지는 아픔을 삭여 내는 것이다. 이 세상에 엄마라는 존재의 소화력보다 더 큰 것이 어디에 있겠는가.

슬픔의 뼈까지 눈물의 뼈까지 고통의 뼈까지, 천둥도 벼락도 폭풍도 폭우도 다 가슴으로 삭여 내면서 침묵하는 이 세상의 엄마들……. 바로 딸의 행복을 온몸으로 빌고 있는 것이다. 엄마는 딸이며, 그 딸은 다시 엄마가 된다.

딸의
이름으로
70년

 엄마. 엄마에겐 무조건 미안하다. 엄마가 눈감을 때 제일 큰 걱정은 아빠였다.

 "니 애비는 나 죽고 일주일 안에 죽어야 한다."

 아마도 빈털터리가 된 아빠가 자식들에게 구박이나 받지 않을까 걱정했을 것이다. 그런데 아빠는 엄마 가시고 18년을 더 사셨다. 아마 엄마가 죽어서도 기절할 일이다. 빈털터리로, 인간의 마지막 자존심까지 다 박살나고 돌아가셨다.

 아빠는 말했다.

 "니 엄마는 독했다."

 내가 말했다. 엄마가 열다섯 살에 결혼할 때도 독했느냐고.

 "아이다, 그때는 보드라웠다."

"아빠, 여자는 사랑을 못 받으면 독해져요."

아빠는 고개를 숙이고 아무 말도 못했다. 엄마가 독해지지 않았더라면 그 많은 궂은 생활을 어떻게 버텼겠는가. 그런데 그 며칠 후 아빠가 위독해졌고 서울로 돌아오는 구급차 안에서 아빠가 내게 말했다.

"니 에미한테는 미안했다."

개미만 한 목소리로 그렇게 말했다. 그것이 아빠의 마지막 말이다.

엄마, 들려요? 이 말만은 들었어야 하는데 말이에요. 그 말을 직접 엄마에게 했더라면 엄마도 행복한 순간을 가슴에 품고 죽을 수 있었을 텐데 말이에요.

그러나 엄마, 너무 섭섭해하지는 마세요. 아빠도 다 마음으로는 엄마에게도 우리에게도 미안해서, 너무나 미안해서 말을 못했을 거예요.

우리 아빠는 어마어마하게 멋있는 남자였다. 대한민국 남자들 다 내성적이고 헛소리나 하지 진심을 말하지는 않는다. 아니 진심을 말하지 못한다. 어쩌면 그 말하지 못하는 그 내력의 힘이 한국의 힘으로 거듭나는지도 모른다.

엄마는 아빠에게 서운한 것이 하늘에 닿겠지만, 사실 나에게는 좋은 아빠였다. 생물학적 아빠를 넘어서 사랑으로 키워주셨고 나의 미래에 대해 누구보다 앞장서 나를 이끌었던 사람이다.

아빠는 내가 시인이 되었을 때 너무나 감동하여 "딸이 왕비가 되면 애비가 큰절을 하던데, 내가 지금 꼭 그 기분이다."라고 말했다.

엄마는 자녀 교육에도 누구보다 공이 큰 사람이었다. 그 결실을 보지 못하고 눈감은 것이 정말 안타깝지만 교육에 대한 엄마의 그 열정에 대해 지금 너무나 감사하게 생각한다.

1955년 전쟁이 끝나고 얼마 되지 않았을 때 둘째 언니까지 결혼을 한 상태였고, 셋째 언니부터 도시의 명문 고등학교로 학교를 보냈다. 그것은 그 시절 누구도 못하는 일이었다.

엄마 자신이 교육을 받지 못해서 그 무지함으로 인생이 막막했다고 생각했을 것이다. 행복하지 못한 것도, 사랑받지 못한 것도, 다 무지해서라고 생각했을 것이다.

언니들은 마산으로, 나는 부산으로, 동생들은 서울로, 딸들을 모두 고등학교 때부터 다 도시로 보내 공부를 시킨 것은 정말 대단한 교육열이었다. 엄마는 아무 결과도 재미도 못 봤지만, 그래도 엄마의 씨앗 심기가 없었다면 지금 우리가 어떻게 사람 구실하며 살겠는가. 그것은 딸들에 대한 사랑이었지만, 엄마는 대한민국의 교육 발전에 이바지한 사람이었다.

나는 정말 부산으로 가기 싫어서 고향 학교에 들어갔다. 그 땐 내가 엄마를 이겼다고 생각했는데, 엄마가 강제로 고향 학교를 퇴학시키고 부산으로 전학시킨 것은 지금 생각하면 너무 감사한 일이다. 바로 그 부산 학교에서 '시'가 당선되었고 대학은 저절로 문학 쪽을 택했으니 모든 것을 엄마가 다 만들어 준 것이다.

아쉬운 것은 내가 너무 일찍 결혼하면서 엄마에게 죄를 지은 것이다. 엄마는 나더러 공부해서 박사가 되어 엄마의 한을 풀어 달라는 것이었는데 그냥 결혼해 버렸던 것이다. 엄마의 절망을 비유할 대상은 이 세상에 없을 것이다.

엄마의 그 씨앗 심기가 결국 나를 공부하게 만든 것이다. 마흔에 석사 학위를, 쉰에 박사 학위를 다 받을 수 있었던 것은 엄마가 준 강인한 저력 때문이었을 것이다. 다만 내가 박사 학위 모자를 쓴 것을 엄마가 못 보았다는 점이 아쉽지만, 뭐 어떤가. 엄마는 다 보았을 것이다. 그것은 엄마가 만든 학위였고, 엄마가 만들어 준 교수직이었고, 내 베스트셀러도 다 엄마가 만들었다고 나는 생각한다.

내가 이 세상에 툭 떨어지면서 가장 먼저 가지게 된 것이 엄마였다. 엄마는 선택해서 가지는 것이 아니다. 그래서 인연이라고 하고 팔자라고 하기도 한다.

내가 선택할 수 있었더라면 결코 내 엄마의 딸이 되지 않았을 것이라고 중학생 때 일기장에 쓰곤 했다. 누구도 엄마가 있다고 해서 행운이라고 생각하지는 않는다. 태어나면 당연히 있는 것이 부모이기 때문이다.

내 엄마는 날 원하지 않았다. 어머니가 생을 걸고 절박하게 기다렸던 것은 아들이었으나 나는 엄마의 절망을 불리는 딸로 태어났다. 일곱 번째로 태어났지만 위로 딸 둘이 죽었으므로 나는 다섯째 딸이었다.

나를 낳고 엄마는 날 쳐다보지도 않았다. 미역국도 먹지 않고 어린 핏덩이를 데리고 죽어야겠다고 작심한 비극의 딸이었던 것이다. 장손의 며느리로 민망하기 그지없던 다섯째 딸이 탁 죽어 주기를 고대했다고 엄마는 말했다. 그래서 사실 그 핏덩이를 아무도 모르게 꽉 엎기도 두어 번 했으나 눈물을 쏟으며 다시 일으켜 세웠다는 이야기도 너무 많이 들었다. 나는 그렇게 절망의 딸로 태어났으나 엄마는 나를 꿈의 대리자로 선택했던 것이다.

그러나 나는 엄마가 싫었다. 중학교에 들어가면서부터 일어난 속수무책의 감정이었다. 나는 좀 과장된 현실에 맞지 않는 사치성이 있었다. 나는 엄마가 서슴없이 욕설을 하고 큰 소리를 내며 아버지와 머리를 풀고 싸우거나 험한 소리를 하는 것이 싫었다.

"나 죽이고 가!"

이 말은 아버지와 싸울 때마다 들었던 말이다. 무지하게 싫었던 말이다. 잘못을 저지른 아버지보다 아버지에게 매달리며 쌍소리를 내는 엄마가 죽도록 싫었다.

사춘기 시절의 이야기다. 어느 날은 온 집안이 들썩거리게 아버지와 싸우는 엄마를 보며 엄마가 죽었으면 하고 생각했던 적도 있었다. 싸움의 내용은 나에게 중요하지 않았다. 왜 내 엄마는 교양도 없고 멋도 없고 품위도 없는지에만 신경이 쓰였다. 방에서 싸우다가 마루로, 마루에서 마당으로 아버지와 끌고 끌리며 신물 나게 싸우던 시절 나는 늘 엄마가 죽었으면 하고 생각했던 것이다.

그러다가 엄마가 정말 죽는 것을 목격한 적이 있다. 무슨 일이 있었는지는 모른다. 중학교 3학년 때 엄마는 밤에 다락방에서 술에다 수면제를 타 마시고 거의 죽어 있었다. 잠깐 자고 일어났을 때 언니들과 함께 목격을 하고, 내가 속치마만 입은 채 맨발로 병원에 달려간 기억이 있다. 새벽 4시였는데, 그 새벽 남의 집 병원 대문을 미친 듯이 흔들어 의사 선생님을 깨우고, 결국 엄마도 깨어났던 것이다. 엄마가 깨어난 후 언니들과 나는 엄마를 잡고 얼마나 울었는지 모른다. 나는 그때 엄마는 반드시 살아 있어야 한다고 마음을 바꾸었다.

그 후 엄마는 적극적으로 병원에 뛰어간 내 선택에 대해 "니는 뭐든 해낼 끼다."라는 말을 자주 하셨다. 내가 성적이 떨어져도, 남학생을 만나는 기색이 있어도 "니는 될 끼다."라는 믿음을 버리지 않았다. 엄마는 무식했지만 알았는지 모른다. 딸에게 믿음이 가장 큰 보약이라는 것을.

　엄마는 나를 여고 2학년 때 부산으로 전학시켰고 나는 도회지에서 공부를 했다. 엄마가 부산에 왔을 때 나는 친구들에게 내 엄마가 부끄러웠다. 무엇이 부끄러웠는지 잘 기억나지 않지만 쪽 진 머리와 별로 교양 없어 보이는 엄마의 모습이 그저 창피했을 것이다.

　"니 내가 챙피하나?"

　엄마는 귀신이다. 그렇게 내 마음을 쏙 빼내곤 했던 것이다. 그러나 엄마는 단 한 번도 "니까짓 게 뭘 하겠노."라는 말을 한 적이 없다. 나에 대한 그 믿음을 나는 이해도 못하는 건방지고 헛멋, 겉멋만 든 딸이었던 것이다. 그렇게 나는 엄마에게 더 큰 시련과 더 큰 좌절만 안겨 주었지만 엄마는 나에 대한 기대를 접지 않았다.

　나는 엄마를 모른다. 이 세상에 엄마를 아는 딸이 있는가. 없다라고 나는 자신 있게 말한다. 나는 한 번도 엄마를 이해하고 알아 준 날이 없었다. 엄마의 우울, 엄마의 외로움, 엄마의 허기를 알지 못했다.

　누구보다 자랑하고 뽐내기를 좋아하셨던 엄마는 자식 일로 뻐근하게 가슴을 펴지 못하고 돌아가셨던 것이다. 엄마는 내가 가장 불행한 시기에 돌아가셨는데 그 순간을 생각하면 지금도 가슴이 무너진다. 엄마가 돌아가신 지 30년이 훨씬 넘었다. 그러나 나는 늘 엄마와 함께 옛날이야기를 하고, 아버지 이야기를 하고, 언니들 이야기를 하고, 어머니의 생명 같은 아들인 내 남동생 이야기를 하고, 내가 강의하고 박수를 받는 순간의 감동을 이야기하고, 내가 상 받은 이야기를 한다.

나는 내가 눈감는 순간에 엄마도 눈감는다고 생각한다. 내가 엄마를 가진 지 70년. 엄마 이름 하나로 가슴 따뜻했던, 가장 외로울 때 "엄마" 한 번 부르고 힘내어 일어섰던, 나의 엄마, 지금도 그 이름으로 나는 아침에 허리를 펴고 일어선다.

엄마의 이름으로 45년

 1969년 5월 11일, 나는 첫 딸을 낳았다. 1970년에 다시 딸을, 1975년에 또 딸을 낳아 세 딸을 두었다. 엄마의 이름으로 산 지가 45년이 다 되어 간다. 그러나 나는 지금도 초보 엄마다. 나는 엄마라는 이름으로 프로가 있는지 묻고 싶다. 적확하게 아마추어라고 단정해도 좋은 것이 바로 엄마라는 이름이다. 적어도 내겐 가장 잘난 척할 수 없는 이름이다.

 왜 그렇게 어려운지 모른다. 낳고 키우고 사랑하면 될 것인데, 엄마라는 직분은 까다롭고 알아야 할 것이 너무 많은 것이다. 그중에 가장 필요한 덕목은 '인내'이고 '믿음'이고 무조건의 '사랑'이다. 그런데 이 '무조건'이 잘 안 되는 일이고, 그래서 관계망이 우그러지거나 찢어지는 아픔을 감당해야 했다.

나는 여자로서는 조금 똑똑한 척도 하지만 엄마로서는 무지하고, 여자로서는 제법 잘난 척도 하지만 엄마로서는 쥐구멍으로 숨고 싶은 심정일 때가 많다. 왜 그럴까? 왜 이렇게 엄마는 어려울까?

나는 지금도 딸이 "엄마!" 하고 부르면 내가 뭘 잘못했나 가슴이 쿵 하고 무너진다. 뭘 잘못하고 살아서가 아니다. 내가 스스로 늘 잘못하고 있다고 느끼는 숨은 감정이 그때마다 깜짝 놀라며 살아나기 때문이다.

엄마는 늘 뭐든 잘하고 싶고 멋있고 영리하고 너그럽고 딸이 원하는 일은 무엇이건 척척 해결하고 싶은 자신의 마음에 미치지 못하므로 모자라는 감정 내지는 죄의식으로 발전하는 감정들이 있다. 그래서 딸이 우울하거나 말이 없을 때, 아니면 약간 무거운 소리를 내면서 "엄마!" 하고 부를 때면 나도 모르게 가슴이 울렁거린다. 왜 엄마에게는 이렇게 죄인의 감정이 숨어 있는 것일까.

적어도 엄마들은 그렇다. 딸이 부족해하는 것, 딸이 이루지 못하는 것, 딸의 좌절감, 딸의 절망을 보는 것이 가장 견디기 힘든 일이다. 그 딸의 좌절과 절망 안에 엄마의 부족함, 엄마의 잘못, 엄마의 무지가 들어 있다고 근심하기 때문이다. 얼마나 잘해 주고 싶은 딸인데 모든 것이 엄마를 잘못 만나 잘못되어 가는 것은 아닌지…… 세상의 모든 엄마는 그렇게 생각하는 것이다.

딸이 잠을 못 자면, 딸이 코가 아프면, 목이 아프면, 어지러우면, 좋지 않은 습관을 볼 때도 나는 마음으로 말한다.

'제발 날 닮지는 마라.'

나는 수억 번을 그렇게 속삭였다. 나를 닮게 될까 봐 그 지극한 염려는 어느 날이고 멈추지 않았다.

다행히 내 딸들은 날 닮지 않았다. 나보다 감정이 연약해 보이지도 않으며 분별력이 있어 무엇보다 바르고 옳은 것이 무엇인지 아는 딸들이다.

그러나 그 자리에서 딱 말해야 할 것을 꿀꺽하며 안으로만 부글거리는 것은 조금씩 다 날 닮은 것 같다. 그것은 절대로 닮으면 안 되는 것 중 하나다. 대체적으로 자기 일을 스스로 하는 것은 다행이지만 남에게 억울해도 덤비지 못하는 것은 세 딸이 똑같다. 그래서 얼마나 마음을 앓았는지 나는 잘 안다. 그래서 그것만은 닮으면 안 된다고 마음으로 빌었는지 모른다. 조금의 말다툼이 있더라도 그 자리에서 딱 부러지게 하고 싶은 말을 하고 그 자리에서 화해하는 너그럽고 똑똑한 딸들이 되기를 나는 빌었다.

그것은 내가 잘할 수 없는 일이었다. 언젠가 교육부에서 '자녀 교육 모범 사례' 원고 심사를 한 적이 있다. 심사를 하면서 내내 나는 죄책감에 시달렸다. 대상과 차상을 받은 작품은 아주 특별하게 자녀 교육에 온 정성을 쏟았고 다른 작품들도 모두 날 놀라게 했다.

나는 늘 징징거렸다. 이래서 저래서…… 이런 환경에서 자녀 교육이 제대로 되겠느냐고…… 이것만 해도 어디냐고…… 그래도 대학은 보냈으니까…… 나는 이렇게 생각했을 것이다.

그러나 나보다 더 어려운 환경에서도 아이를 훌륭하게 키운 사람들은 얼마든지 많다. 『엄마와 딸, 그리고 하버드의 기적』(브루크 & 진 엘리슨, 윤미연 옮김, 인북스, 2002)이라는 책을 보면, 열한 살 때 차 사고로 전신 마비가 된 딸을 하버드 대학 최고 성적으로 졸업하게 하는 기적을 만들어 낸 어머니도 있다.

나는 더 노력하지 않으면서 교만했다. 어려운 형편이었다는 핑계를 얼마나 많이 써 먹으며 나는 이렇게 힘든 과정에서도 너희들을 버리지 않았다고 마음으로 교만했던 것이다. 내 딸들은 이런 나의 무모한 교만과 치기를 얼마나 듣기 싫었을까.

대체로 내 딸들은 나에게 긍정적으로 자신의 감정을 접어 주었다.

"엄마는 힘드니까."

이 말 하나로 참아 준 것이 너무 많았다. 내가 과장되게 야단을 쳐도 묵묵부답이었다. 대꾸가 없었다.

나는 죄를 지은 엄마다. 아이의 말을 뚝 자르고 내 할 말만 했다. (나는 늘 힘드니까, 힘들게 너희들을 기르니까.) 그리고 눈물 흘리는 아이를 확신 없는 눈으로, 못되고 기분 나쁜 시선으로 째려보았다. 아이의 감정 따위는 아랑곳하지 않고 내 할 말만 쏟아 붓고 울었던 적도 있다.

  딸들에게 칭찬도 제대로 못해 주었다. 좋은 아이들이었다. 적어도 내게는 과분한 아이들이었는데, 장점들을 돋보이게 칭찬해서 자신감을 가지도록 하는 데 나는 인색했다.

  이론으로만 똑똑하고 실제로는 멍텅구리였던 것이다.

죽음 후에
비로소 보이는
엄마

 엄마가 죽기까지 어쩌면 '엄마'라는 말은 관념어인지도 모른다. 엄마를 내 식으로 이해하고 내 식으로 생각하며 살았던 것이다. 엄마는 엄마니까. 엄마는 나의 엄마니까. 잘 아니까, 그것도 지긋지긋하게 잘 아니까. 그걸 다시 새삼 생각할 일이 아니었다. 엄마를 모르는 바보가 어디 있는가. 엄마를 이해 못 하는 딸이 어디 있는가. 모두 내 식으로 내 생각으로……

 나에게 있어 엄마는 자연이었다. 산이나 나무나 강이나 바다나 길 같은 것이었다. 그것은 사라지는 것이 아니니까. 그것은 영원한 것이니까. 내가 아무리 지우려고 해도 지워지지 않는 것이니까. 내 엄마도 그런 자연과 같은 것이었다. 엄마라는 존재는 그렇게 영원히 죽지 않는 무생물 같은 것이었다. 돌이나 바위 같은 것. 누가 자신의 엄마가 죽는다는 상상을 하겠는가. 친구의 엄마가, 동네의 누구 엄마가 죽어도, 학교 선생님이 죽어도, 자신의 친한 친구가 죽어도, 엄마만큼은 죽는다는 생각을 하지 못한다.

그러나 엄마가 죽었다고 생각해 보라. 엄마가 딱 심장이 멈추고 눈을 감고 영원히 일어날 수 없고 곧 몸이 식고 땅에 묻히고 썩고 그리고 한 줌 흙이 된다고 생각해 보라.

그때 엄마가 보인다. 그때 엄마의 내장이 보인다. 슬픔과 눈물로 찌든 엄마의 오장육부가 보인다. 그때 엄마의 우수가, 외로움이, 딸의 심장을 가르며 젖어 온다.

그때 엄마가 보인다. 엄마가 얼마나 홀로 외롭게 밤마다 짐승처럼 울면서 죽었는지를.

그때 보인다. 엄마가 얼마나 딸을 위해 전전긍긍 자신의 힘을 달달 긁어모아 무엇인가 보탬이 되려고 했는지를.

그래, 그때 안다. 엄마가 죽고 장례를 치르고 산에 묻고…… 그리고 세월이 흐르고 엄마 흔적이 자취를 감출 때쯤 엄마는 다시 살아나, 딸의 가슴에 다시 살아나, 엄마가 어떻게 살았는가를 보여 준다. 아니 생각하게 하는 것이다.

그래, 그때 보인다. 엄마가 죽고 어쩌다 책 속에서 앨범 속에서 엄마의 사진을 바라볼 때 가슴이 쿵 하고 떨어지면서 엄마가 보이는 것이다.

외로웠고 가난했고 움츠러들었고 한 그릇의 밥도 한 생애 마음 놓고 먹지 못했던 엄마가 보인다.

딸을 위해 절벽을 기어올라 다디단 열매를 따는 것이 보이고, 맨손으로 우물을 파 딸에게 줄 생명수를 길어 올리는 것이 보인다.

이것은 너무나 큰 모순이다. 엄마가 살아 있는 동안에는 엄마를 제대로 이해하지도 사랑하지도 못하고, 그 어떤 표현으로도 불가능한 죽음 이후에 엄마가 보이는 것은 인간이 겪는 가장 큰 불행이다.

그런데 왜 다 아는 일인데, 이런 불행이 반복되는 것일까.

물론 우리는 욕망과 욕심으로 갈등을 느끼고 그것을 고민하다가 종말을 맞는다. 다 알면서 말이다. 그것이 지금도 자행하고 있는 인간의 한계가 아니겠는가.

우리의 욕심은 허공 쌓기다. 쌓아도 쌓아도 아무것도 없는 허공 말이다. 쌓으려고만 한다면 우리의 욕심은 영원한 블랙홀이다.

오늘이, 이 한순간이 영원하리라는 생각과 함께 우리는 우리가 사랑하는 대상이 언제나 내 곁을 지킨다고 착각하는 것이다. 사실 그것도 욕심의 어느 한 가닥 싹일 것이다.

생의 순리를 언제나 생각하면서 사는 것은 무리다. 우리는 덜컥 어떤 현실에 부딪힐 때 그 현실을 본다. 이런 잘못을 저

지르지 않기 위해 사랑도 하고 독서도 하고 경험도 하지만, 결국 굴복당하고 후회를 만들고 마는 것이 인간 아닌가.

그런 후회 중에 엄마에 대한 후회는 평생을 간다는 것, 그 평생이 생각날 때마다 언제나 영롱하다는 것, 늙지 않는다는 것, 가슴의 통증이 처음보다 점점 더 커진다는 것, 울부짖고 싶다는 것을 말하는 것이다. 그것은 엄마의 죽음에서 나의 죽음까지 유효하다.

엄마가 죽고 나는 한편 어깨가 가뿐했다. 1978년의 일이다. 더 이상 내게 기대하는 사람은 없어졌다고, 마음대로 살아도 된다고, 이 인생을 포기해도 된다고, 제 새끼를 버리는 여자가 되어도 좋다고…… 생각했다.

그러나 중요한 것은, 엄마가 이미 내 안에 제대로 살아야 한다는 씨앗을 깊이 심었으므로 나는 나를 버릴 수 없었다. 이미 엄마의 준비된 길이 내 마음속에 새겨져 있었으므로 그렇게 될 수 없었다.

다만 온몸이 무너질 정도로 슬펐다. 엄마가 죽다니, 그것은 인정할 수 없는 현실이었고, 그 현실 앞에서 온몸의 피가 마르는 것 같았다.

아무것도 보여 드리지 못해서…… 아마도 그 막심한 후회 때문에 나는 이 악물고 무엇인가 해낼 수 있었고 내 딸들을 더 사랑할 수 있었을 것이다.

그런 나를 내 딸들은 또 사랑해 주었다. 그러므로 엄마와 딸은 하나다. 이 지상에 존재하는 모든 '하나' 중에 제일로 단단하고 높은 하나인 것이다.

엄마!
다음 생엔
내 딸로
태어나세요

 딸들이 다 성장하여 가정을 구성하고 살아갈 때쯤, 대개 엄마는 죽는다. 딸들이 진정으로 엄마를 보는 것은 바로 그 순간이라고 경험자들은 말한다.

 참으로 서러운 모순이지, 살았을 때 서로 윽박지르고 도저히 이해할 수가 없고 증오까지 했던 엄마가 숨을 탁 거두면 그때부터 엄마의 인생이 진심으로 보이면서 딸들은 후회하기 시작한다는 것이다.

 엄마라는 존재는 100살에 돌아가셔도 "살 만큼 살았다."라고는 아무도 말하지 않는 것이다. 도무지 엄마와 딸의 관계는 무엇일까.

 나는 중학생이 되면서 엄마를 싫어했다. 교양이 없고 무식해 보였고 같은 여자로서 보기가 흉했던 것이다. 무용을 배우라고 다그쳐 무용을 배우면서도 엄마가 싫었다. 우리 고향 같은 시골에서 딸에게 무용을 시키려는 의욕을 보면 사실 무식한 것도, 교양이 없는 것도 아닌지 모른다. 생각해 보면 엄마는 가능한 한 예쁜 그릇에 음식을 담으려고 했고, 예쁜 옷을 좋아했으며, 이불 자락 하나에도 수를 놓아 아름답게 꾸미는 것을 좋아했다. 그러나 미우면 그런 것까지 다 미운 것이다.

"아무 그릇에나 먹으면 어때!"

"보기에 좋아야 맛도 있는 것이다."

엄마는 자신의 환경에서 최선의 아름다움을 만들어 가족들 앞에 내놓는 사람이었다. 지금 생각하면 사뭇 창조적인 성격이었다.

그런데도 엄마가 미웠다. 엄마는 모든 것을 남 보기에 입이 쩍 벌어지게 살고 싶은 야망이 큰 여자였다. 남편과 남 보란 듯이 살고 자식들도 남들이 깜짝 놀라도록 번듯하게 키워 내고 경제적으로 풍족해서 자식들 교육에 모자람이 없도록 하고 싶었다.

그런데 엄마의 꿈은 아무것도 이루어지지 않았다. 남편도 자식도 엄마를 이해하지 못하고 그 꿈에 동의해 주지 않았다. 엄마의 꿈은 절망 그 자체였다. 그래서 엄마는 더 거칠어졌는지 모른다. 포기한 사람이 사납고 거칠어지듯이…….

그래서 엄마는 자주 울었는지 모른다. 그래서 엄마는 넋 놓고 하늘을 바라보는 일이 잦았는지 모른다. 그러나 엄마는 나에게는 결코 포기하는 경우가 없었다. 뭐든 되라고, 그래서 엄마의 한을 풀어 달라고 목이 메는 것을 견디며 나의 입신출세를 빌었는지 모른다. 엄마는 유독 나를 엄마가 이루지 못한 꿈의 대리자로 떠밀었다. 그러나 나는 그 한을 풀어 드리지 못했다. 적어도 엄마가 죽는 그 순간까지 말이다.

나는 엄마에게 참 고마운 것들이 많다. 여자는 자신이 알아야 남을 부린다는 말, 천 번 만 번도 더 들었다. 거의 매질까지 해 가면서 음식이며 살림을 조목조목 가르쳤는데, 음식을 그릇에 담는 것까지가 요리의 완성이라고 강조했다. 그러고도 끝나는 것이 아니었다. 버리는 것과 남기는 것, 남는 음식을 잘 보관하는 법까지도 섬세하게 실제로 해 보였다.

그리고 엄마는 "내 손이 내 딸이다."라는 말을 자주 했다. 많이도 들었다. 딸같이 마음에 쏙 들게 하는 것은 자신의 손밖에 없다는 말이다. 그런데 엄마 마음에 딱 드는 딸이 어디 있는가.

엄마는 늘 답답해하셨다. 그렇게 교육을 받았는데도 나는 늘 F학점이었다. 하지도 않았고, 하고 싶지도 않았다. 그러나 중요한 것이 있다. 그렇게 하지 않았지만 말만 들은 그 영향으로 결혼해서 음식 맛없다는 소리는 듣지 않았다. 남편 친구들

스무 명을 초대해서 내 두 손으로 대접한 경험이 있고 김장 김치 100포기를 혼자 한 적도 있다.

물론 직접 해 보는 것이 제일 좋지만, 말만 들어도 안 듣는 것보다는 낫다는 이야기다. 교육도 분위기가 중요하다. 잘하는 사람을 보고 산다는 것은 중요하다. 직접 하는 교육보다는 덜하지만 보고 자라는 것도 중요하다는 이야기다.

내가 잘되면 이 세상에서 젤 좋아하는 사람이 누구겠는가. 그것은 누구에게나 바로 '엄마'일 것이다.

백 번 천 번 잘못해도 용서하는 사람이 누구겠는가. 오직 엄마다. 엄마의 가슴에 총을 겨누고 엄마의 인생을 툭 부러뜨리고 목을 조이는 딸도 용서하면서 잘되기를 바라는 사람이 바로 엄마다.

그러나 엄마 인생을 생각하면 얼음 덮인 겨울 들판에 엎드려 하늘에 용서를 빌어도 풀리지 않을 만큼 마음이 찢어질 듯하다.

재벌의 아내였지만 넉넉하지 않았고, 가세가 기울어져 아기 주먹만 한 집으로 이사해 하늘이 두렵다고 집 안에서 울며 사셨고, 자식들은 재미가 없었다. 자신의 꿈까지 모두 파산한 엄마의 속병은 오래 엄마를 괴롭혔다.

엄마가 집에서 쓰러져 병원으로 옮겨졌을 때 나는 빌었다. 엄마가 바로 숨을 거두기를. 엄마의 마지막 인생에 반신불수의 불명예만은 없기를. 자존심이 거기까지는 떨어지지 않도록 나는 빌었다. 엄마가 더 살고 싶다 해도 나는 그것을 용납할 수 없었다.

엄마는 잘 돌아가셨다. 병원으로 옮기고 사흘 만이었다.

단 한 번도 반짝 햇빛이 들지 않는 그늘에서 괴롭고 외로운 삶을 사신 우리 엄마.

엄마! 이다음 세상에서는 내 딸로 태어나, 엄마! 그래서 엄마에게 하는 것보다는 백배, 내 딸들에게 하는 만큼의 사랑을 주고 싶어, 엄마.

물론 내 딸들에게 아주 좋은 사랑을, 내 딸들이 만족할 만큼 사랑을 주지는 못했지만, 적어도 엄마에게보다 더 사랑했을 것은 사실이니까. 그러니 내 딸이면 어떨까, 엄마. 싫다고? 그래도 엄마, 내 딸로 태어나 나에게 대들기도 하고, 내 약점도 꼬집고, 떼도 부리고, 그래서 엄마도 듬뿍 사랑받는 여자로 한번 살아 봐야 하잖아요.

엄마! 다음 세상엔 꼭 내 딸로 태어나, 엄마!

딱 너 같은 딸 하나만 낳아 봐라!

서로 억세게 대결하는 경쟁자끼리 악담을 한다면 어떤 말일까?

"당장 죽어!"

딸에게 이런 악담을 하는 엄마는 아마도 지구상에 없을 것이다. 제아무리 딸이 미워도, 제아무리 딸이 이해 불가능하고 엄마 속을 시커멓게 태워도, 이런 악담은 할 수 없는 말이다.

그렇다면 딸이 가슴을 누르고 목을 조이는 것처럼 속을 태우면 그 답답한 마음을 어떻게 풀까. 무슨 말로 딸에게 불덩이 같은 소낙비를 꽉꽉 쏟아부을 수 있을까.

"딱 너 같은 딸 하나만 낳아서 키워 봐라!"

아마도 딸을 키우는 엄마라면 한 번쯤 이 말을 입 밖으로 내 보았을 것이다. 엄마들은 그럴 것이다. 오죽하면, 오죽하면 그런 말을 딸에게 퍼붓겠느냐고요.

그래, 알 수 있을 것 같다. 왜 딸은 복장 터지는 말과 행동으로 엄마가 이런 말을 하게 만드는 것일까.

"왜! 왜, 내가 네 쓰레기통이냐! 안 풀리는 감정의 찌꺼기를 내 속에 다 갖다 부려 놓냐! 그 매몰차고 얼음장 같은 돼먹지 않은 더러운 성질은 왜! 왜! 내 앞에 다 갖다 붓느냐 말이다. 아이고, 두 눈 뜨고 못 보겠다. 그래, 더도 말고 덜도 말고 꼭 너 같은 딸년 하나만 낳아 길러 봐! 꼭 그렇게 해, 이년아."

내가 직접 들은 어느 엄마의 말이다.

엄마와 딸의 관계가 이렇게 냉혹해지고 서로 대립하여 긴장되어 있을 때, 엄마와 딸은 서로 평화와 행복을 파괴하는 것이다. 둘 다 가슴이 아프지만, 절대 이래서는 안 되는 일이라고 다짐을 하지만, 엄마와 딸이 이렇게 막 나가는 경우가 있다.

딸은 엄마가 모든 일을 상의 없이 혼자 결정하고 밀어붙이면 거기서 탈출하기 위해 어긋나고, 그 어긋나는 과정에서 엄마는 "내가 혼자 살려고 이러나, 다 저 잘되라고 내가 이 짓 저 짓 다 하는 것도 모르고, 저 인정머리 없는 년……." 하는 것이다.

딸은 더 젊고 더 세련되어 있을 것이다. 엄마의 막 나가는 태도가 싫고, 엄마의 생색이 마음에 안 든다. 때론 엄마의 그늘에서 쏙 빠져나가고 싶을 때도 많다.

그런데 엄마는 답답하다. 저 매몰차고 냉혹한 딸이 미우면서도, 사랑한다는 이유로, 딸 인생을 생각하는 사람은 자기밖에 없다고 엄마는 소리를 지른다.

그런 엄마가 있다. 딸의 인생을 엄마가 다 계획하고 밀어주어야 한다고, 그리고 그 계획에 차질이 생기면 딸의 부족함과 단점을 낱낱이 까발리며 기를 죽이고 더 이상 딸이 의욕을 가지지 못하게 하면서, 나는 너를 위해 잘하기만 했다고 우기는 엄마가 있는 것이다. 딸의 자존심 따위는 묵사발을 만들어 놓고 말이다.

그러나 정말 딸을 위해 딸의 진로나 계획에 대해 걱정스럽게 이야기해도, 참견 말라고 반발하며 우악스럽게 구는 딸도 있다.

"엄마가 뭘 알아!"

이런 말, 엄마들은 총 맞은 것 같을 것이다. 때론 딸의 단 한마디로 인생 전체가 허물어지는 경우도 있는 것이다.

딸보다 우수한 엄마든 딸보다 좀 모자라는 엄마든, 딸이 쏘아 대는 이 한마디, "엄마가 뭘 알아!"는 모든 엄마의 가슴에 못으로 박힌다. 그 못, 잘 뽑히지 않는다.

엄마의 입장, 딸의 입장을 들어 보면 다 그럴듯할지 모른다.

그러나 한 가지 분명한 건, 다 선을 넘는다는 것이다.

지금은 1950년대가 아니다. 내 엄마처럼 "저년만 없어도……" 같은 말은 이미 시간의 강물에 떠내려갔다. 생각해보면 사랑하지 않는 모녀간이 어디 있겠는가. 살이 쓰리고 뼈가 아린 것이 딸이고 엄마다. 그런데 왜 이 관계는 이리도 명확하지 않고 복잡한가.

너무 사랑해서 그런가. 너무 가까워서 그런가. 너무 기대치가 높아서 그런가. 너무 욕심을 내서 그런가.

아니면, 정말 밉고 싫어서 그런가. 그럴 수도 있다. 딸이라고 다 좋고 엄마라고 다 존경스럽고 다정한 것은 아니니까. 미울 수 있다. 싫을 수 있다. 그러나 엄마와 딸의 인연은 끊을 수 없다.

다시 말하지만, 결국 이 관계는 핏덩어리 같은 감정이 다 사랑이었음을 알게 된다. 눈물이고 한이었음을 알게 된다.

알고 보면 모든 것이 순조롭지 못했을 것이다. 어긋났을 것이다. 잘 풀어지지 않았을 것이다. 인생이 그러했을 것이다. 그래서 기대하고 과욕을 불러일으키고 예민해지고 말이 거칠어지고 오해는 뻔하고…… 이렇게 엄마와 딸은 거칠어질 수 있다.

그래, 엄마와 딸이니까 그렇게 될 수 있다.

그래서 엄마가 속 콱 뒤집어질 때 "꼭 너 같은 딸 하나만 낳아 길러 봐라." 소리를 할 수 있는 것이다. 속 뒤집는 딸에게 교양 있게 "너 그러면 엄마는 섭섭해." 조용히 말할 수 없을 것이다.

서로 무시당한다고 생각하는 것, 이것이 엄마와 딸의 내면 풍경일 수 있다.

엄마는 딸에게, 딸은 엄마에게, 서로 영화에서나 보는 교양 있는 엄마와 딸을 기대하다가 현실에서 부딪치는 것이다. 이것도 사랑싸움이다.

딸들의 고해성사

　내가 재직했던 대학교에서 여학생들만 모아 놓고 엄마와 딸에 대한 강의를 한 적이 있었다. 가끔 여학생이 엄마 문제로 상담을 신청해 오는 일이 있어, 여학생들만 있는 강의실에서 나는 학생들에게 엄마에 관한 심정을 물어보기로 한 것이다. 같은 여자이면서 한창 인생에 꿈이 많은 대학생 입장에서 자신의 엄마를 어떻게 생각하는지 궁금했기 때문이다. 내가 대학생일 때와 다른 점이 무엇인지, 시대에 따라 엄마와 딸의 관계에 어떤 변화가 있는지 그들의 속내를 알아보고 싶었다. 여성의 위치가 사회 안에서 괄목하리만치 변화되었고, 소위 가족 간의 대화가 인생의 과목에서 중요하게 다루어지는 이 시대에 대학생들이, 그것도 여대생들이 여자인 엄마와 어떤 관계에 놓여 있는지를 아는 것이야말로 오늘날 여성의 모습을 바로 읽는 것이라고 나는 생각했기 때문이다.

학생들은 엄마에 대한 이야기를 하라는 선생의 말에 처음엔 할 말이 없는 듯 쑥스러워하다가 한 학생이 진심을 털어놓자 모두 진지하고 경건해졌다. 다들 고해성사를 했다. 처음엔 두 시간에 끝내려고 했는데 사흘 동안 무려 여섯 시간에 걸쳐 모든 학생들의 엄마에 대한 소견을 들었다.

나는 하숙을 하고 있었으므로 방학이 되어야 엄마를 만날 수 있었다. 방학 때 집에 가는 것은 엄마에게 간다는 말과 동의어였다. 말하자면 나에게 '집'과 '엄마'는 같은 뜻이었다. 그만큼 엄마는 나에게 공주 대접을 해 주었다. 서울에서 뭐 그렇게 특별나게 공부를 잘하지도 않았는데 서울 밥이 얼마나 배고팠느냐며 내가 좋아하는 반찬을 끼니때마다 해 주셨고, 내 손으로 수건 하나 빨지 못하게 했다. 엄마는 논리적이지 않아서 나에게 감정적으로 대접해 주었다.

나는 그것을 당연하게 받아들였다. 아니다. 엄마를 부렸다고 해야 옳다. "이게 뭐야!" 하고 소리 질렀고 "이거 안 먹어!" 하고 토라졌다. 엄마의 눈과 엄마의 귀와 엄마의 입은 생각하지 못했다. 못된 날라리 딸로 엄마에게 마구 함부로 대했다.

그러나 엄마는 "저년……." 하고 웃었다. 엄마는 방학이 끝나면 서울로 갈 딸을 위해 속에 불을 스스로 껐던 것이다. 그것도 딸이 눈치 못 채게 말이다. 그래서 나는 엄마란 존재는 딸을 위해 그렇게 노예처럼 사는 것인 줄 알았다. 속이 뭉개지는 것도 모르고, 아니 아예 속이 없는 줄 알았다. 엄마를 배려하기는커녕 왜 더 좋은 엄마가 아니냐고 따진 딸이었던 것이다.

하지만…… 아마도 그 시절에 누군가가 엄마에 대해서 말하라고 했다면 나는 거짓말을 했을 터이고, 엄마와의 관계를 미화시켰을 것이라고 생각된다. 가족 간의 이야기는 거의 금기였고, 내 엄마는 개인으로서 더할 수 없이 불행했기 때문이다.

고등학교 때부터 도시로 떠났고 엄마와 헤어져 살았기 때문에 실상 엄마의 생활에 대해 잘 모른다고 해도 옳았다. 엄마의 분노, 엄마의 외로움, 엄마의 상처, 엄마의 울분, 엄마의 눈물을 모른다고 해야 옳았다. 엄마를 이해한다는 생각조차 하지 않았다. 위로 같은 낱말은 알지도 못했다. 나만이 아니라 딸들은 다 그랬는지 모른다. 엄마를 제대로 아는 딸이 어디 있겠는가. 그렇게 엄마는 조용히 죽어 가고 있었는지 모른다. 그러므로 말할 수 있는 진실이 아니었을 것이다. 내 엄마를 이야기하는 일은 수치였고 부끄러움이었으니까…….

그러나 지금의 학생들은 더 성숙했다. 진실을 말했으므로……. 진실처럼 성숙한 인간의 덕목은 없다고 나는 믿는다. 지금까지의 내 강의 역사에 이보다 더 감동적인 시간은 없었다. 다 함께 훌쩍이거나 소리 내어 울기도 했고, 다 함께 웃는 순간도 있었고, 뜨겁게 박수를 치며 얼굴이 상기되기도 하고, 고개를 숙이고 격렬한 침묵 속에 빠져 있기도 했다. 강의 시간이 아니라 차라리 미사 시간이었다고 해도 과언이 아니었다. 엄마라는 존재에 대해 말하고 있었다는 이 한 가지 진실이 우리를 그렇게 만들었던 것이다.

학생들의 이야기를 들으며 그 다양한 엄마와 딸의 모습을 보면서, 엄마와 딸은 하나였고 하나였으므로 서로 상처도 주고 목숨만큼 사랑하는 관계라고 생각했다. 신이 모든 곳에 있을 수가 없어 어머니를 만들었다는 말은 여기에서도 통한다.

나는 아무것도 한 일이 없다. 다만 말하게 했을 뿐이다. 요즘 시대에도, 할 말 다 하는 디지털 시대의 여대생들에게도, 아프지만 그냥 참으며 숨기고 있던, 엄마에 대한 이야기가 있었던 것이다. 이 시간 내내 우리는 모두 아팠고, 고마웠고, 그리고 사랑했다.

학생들이 말한 엄마에 대한 이야기를 추려 옮겨 본다.

1) 엄마는 등불입니다. 비가 와도 지하철역까지 반드시 마중을 나옵니다. 때론 귀찮고 짜증 날 때도 있지만 그러나 눈물겹습니다. 엄마와 문자 주고받은 것이 가장 많지만 그러나 나는 아직도 엄마에게 내 마음을 온전히 열지 못합니다. 지금도 벼

르며 기회만 기다리는 바보입니다.

2) 엄마에게 할 말이 많은데 어떻게 해야 할지 모르겠습니다. 그래서 편지를 썼습니다. (편지를 읽으며 학생이 내내 울어 다 읽지 못했다. 엄마는 딸들을 키우느라 자기 자신은 버리고, 정작 자신을 위해서는 한 번도 행복해 보지 못했다는 내용을······.)

3) 엄마는 내 구두와 같아요. 내가 가는 방향을 가느라 구두는 말없이 낡아 가고 해졌습니다. 구두는 단 한 번도 안 가겠다고, 피곤하다고 말하지 않았습니다. 나는 엄마의 살을 허물게 하고 아프게 하지만 지금도 함께 갑니다. (역시 학생이 울어 버렸다.)

4) 나는 엄마를 미워합니다. 엄마도 외할머니를 미워했습니다. 그러나 외할머니가 돌아가셨을 때 엄마는 식음을 전폐하고 며칠을 울었습니다. 저도 그렇게 될 것입니다. 엄마와 딸은 애증 관계입니다.

5) 직장에 다니는 엄마라 나는 초등학생 때 비가 오면 비를 맞고 집에 갔습니다. 다른 아이들은 다 엄마가 우산을 가져와서 같이 갔는데······. 그때부터 엄마가 미워 시험문제도 일부러

틀렸습니다. 사춘기가 되면서 더 혹독하게 엄마에게 함부로 하기 시작했어요. 그런데 엄마가 암 수술을 받으면서 엄마의 직장 때문에 내가 불편했던 것은 불편이 아니라 사랑이라는 것을 알았습니다. 희생이라는 것을 알았습니다.

지금은 엄마가 나의 멘토입니다. 나는 엄마 때문에 더 독립적인 힘을 기를 수 있었어요. 지금은 제가 엄마에게 "힘내!"라고 말하는 응원자입니다.

6) 중학교 때 강제 정학을 당한 적이 있습니다. 엄마가 교무실에서 무릎을 꿇고 빌며 엉엉 우는 모습을 보았습니다. 저는 문제아였어요. 늘 벌서는 학생이어서, 제가 학교 가는 것이 엄마에게는 악몽이었습니다.

전학도 여러 번 했습니다. 그런데 전학 갈 때 며칠씩 쉬는 동안에 책을 많이 읽었어요. 뜻밖에 글을 쓰면 상을 받았는데 엄마는 그런 딸을 대견해했어요. 그러나 엄마와의 사이는 이미 나빴어요. 엄마가 미웠고, 자살하고 싶었어요. 그런 저에게 엄마는 꾸준히 잘해 줬어요. 엄마는 절 끝까지 포기하지 않았습니다. 그것이 저를 대학에 들어오게 한 힘입니다. 지금은 절친인 우리 엄마입니다.

7) 저는 엄마와 너무 닮았어요. 좋아하는 옷도 먹을거리도,

모든 취향이 같아요. 그런데 너무 같아서 싸워요. 엄마가 영어 선생님이라 어릴 때부터 영어책, 영어 가르치는 것만 보고 살았어요. 영어가 너무 싫었어요. 그래서 엄마가 미워서 영어 공부는 안 하고 수학만 잘했어요. 이상하게 엄마가 하라는 것은 다 싫었어요. 하지만 지금은 엄마가 있으니 내가 있다, 우리는 하나다, 라고 생각해요.

8) 엄마의 과도한 사랑이 짜증 나요. 시골에 있는 엄마는 늘 전화해요. 그러면 나는 "왜 또!" 하고 화를 내요. 엄마는 나의 모든 걸 포기 못하는데 나는 엄마를 포기할 수 있을 것 같아요. "밥 먹었니?" 엄마는 밥밖에 몰라요. 그것도 싫었어요. 엄마를 생각하면 화낸 기억밖에 없어요. 아마 나도 내 딸에게 이렇게 당할 것 같아요.

9) 아침 키스로 나를 깨우는 우리 엄마. 우리는 서로 너무 친해서 싸우고 함부로 하고 독설도 하고…… 소리 지르고 서로 상처 주고 또 사과도 하고 울며 이야기하고……. 나는 아빠가 없거든요. 엄마는 나를 남편처럼 생각해요. 그게 너무 싫어요. 지금 우리 엄마는 갱년기로 더 외로워해요. 우리 엄마 외로움이 우리 학교보다 더 커요.

10) 저는 가장 닮고 싶지 않은 사람이 엄마입니다. 반발만 하고 살았고 큰소리만 치며 살았습니다. 어느 날 엄마가 술을 먹고 "나처럼 살지 마라!" 외쳤습니다. 엄마는 아빠도 사랑하지 않는다고 말했습니다. 그래서 마음이 아팠어요. 그 후 "나처럼 살지 마라!"라는 말을 입에 달고 살았어요. 나는 엄마 닮을까 봐 두려워요. 그러나 엄마는 닮는 거 아닌가요. 세상에 의욕이 없는 엄마를 의욕 있는 엄마로 만들고 싶어요.

11) 엄마에게 화가 나요. 내가 마음이 복잡하고 슬퍼서 학교에 안 가면 "왜 안 가니?" 하고 묻지도 않아요. 무관심해요. 화나고 짜증 나요. 엄마와 남이었으면 좋겠어요. 엄마와 딸로 만나지 않아야 할 사람…… 남이면 쳐다보고 싶지도 않은 사람이에요. (학생이 울기 시작한다. 다른 학생들도 무거운 침묵…….) 엄마에게 한 번이라도 "미안하다."라는 말을 듣고 싶어요. (계속 운다.)

12) 자취를 하면서 엄마를 이해했어요. 무서운데 벌레 하나도 내가 잡아야 했어요. 그때 생각했어요. 엄마는 처음부터 벌레를 잘 잡았을까? 엄마는 하기 싫어도 해야 하는, 아니 하고 싶은 사람일 거예요. 벌레 하나에도 엄마 생각이 나요.

13) 엄마는 엄마, 며느리, 아내로만 살았어요. 그게 당연한 줄 알았어요. 언젠가 엄마 생일을 가족들이 다 잊어버렸어요. 엄마가 울었어요. 엄마와 그날 오래 이야기했는데, 엄마에게도 꿈이 있다는 것을 알았지요. 엄마를 사람으로 생각하지 않고 처음부터 '엄마'라는 직업으로 살아온 줄 알았어요. 지금은 세상에 둘도 없는 친구예요.

14) 엄마라는 말은 깊은 단어, 엄마라는 소리에도 울먹이게 돼요. 다 받아 주고 나의 치부도 다 드러낼 수 있는 우주 안에 단 한 사람, 엄마는 나와 자매 같은 모녀간입니다. 외할머니는 겨울에 버스 정거장에서 운동화를 가슴 안에 품었다가 딸에게 신겼다고 해요. 우리 엄마도 나에게 그렇게 해요. 나도 엄마 같은 엄마가 될 거예요.

15) 나는 엄마에게 삐딱한 딸이었어요. 엄마는 성적으로 엄청 스트레스를 주었어요. 중학교 때 공부 잘하는 동생과 늘 비교당했어요. 너무 괴로웠어요. 그래서 나도 친구 엄마들과 비교했지요. 친구 엄마는 예쁘고 돈도 잘 벌고 학벌도 좋고 멋쟁이고 좋은 남편 만나고 똑똑한 딸 낳고…… 근데 엄마는 왜 그렇게 못해! 하고 덤볐어요. 엄마가 울었어요. 반항아가 되었지요. 공부 잘하던 동생이 고등학교에 가서 삐뚤어졌어요. 엄마가 엄

청 힘들어했어요. 그러나 나는 동생에게나 엄마에게나 방관자였어요. '둘이 잘해 봐.' 그런 심정이었는데 너무 지친 엄마가 "너도 사랑한다."라고 절박하게 말했을 때 저도 새롭게 태어났어요.

16) 엄마의 인생은 없어요. 취미도 없어요. 대부분의 시간을 나에게 바쳐요. 자신의 인생이 아니고, 내 인생을 같이 사는 엄마, 내가 실패하면 같이 실패하는 엄마예요. 내 인생이니 내가 주도적으로 살고 싶은데 하루 종일 "이거 해라, 이렇게 해라, 이거 먹어라……." 하는 엄마에게 맘먹고 성토대회를 했어요. "나에게 맡겨라, 내 인생이다, 안 되면 다 엄마 탓이다." 고등학교 때는 실패도 많았어요. 엄마에게 화풀이를 했어요. 심한 말도 했어요. "엄마가 내 인생을 다 망쳤어!" 엄마는 하늘이 무너졌을 거예요. 저는 알아요. 자식은 엄마의 또 다른 심장이 밖에서 뛰는 것이라는 걸요. 지금은 두 개의 삶으로 분리되어 삽니다. 서로 노력하고 있어요. 노력, 그것이 사랑이니까요.

17) 엄마는 너무 속물이에요. 남자 친구가 가난하면 만나지도 못하게 해요. 돈, 명예를 너무 좋아해요. 아무리 자식이지만 너무 직설적으로 본심을 내보여요. "가난하면 어떠니, 사랑하면 된다." 그렇게 말해 주면 좋겠어요.

18) 엄마는 너무 엄격했어요. 저는 조선 시대에서 살았어요. 때리기도 했어요. 많이 맞았어요. 엄마를 견디기 어려웠어요. 사춘기에 무작정 반발했지요. 엄마와 사이가 너무 나빠 뇌에 문제가 생겼어요. 나 자신이 컨트롤이 안 됐어요. 병원까지 갔어요. 약물치료로는 불가능하다는 판정이 나오자 엄마가 울면서 "내 탓이다, 내 탓이다, 미안하다."라고 했어요. 병원에 있으면서 서로 마음의 벽을 헐기 시작했고 관계 회복이 되면서 병도 나았어요. 완전히 치유가 된 거죠. 엄마와 딸이니까 결과가 좋았다고 생각해요. 지금은 가장 가까운 친구예요.

19) 모든 예술의 주제에는 엄마가 있어요. 엄마는 복합적인 존재예요. 엄마의 사랑은 신도 들 수 없을 정도로 무거워요. 렌즈를 교정하듯 엄마를 더 자세히 보고 싶어요.

20) "내가 지금 뭘 하면 좋겠니?" 엄마가 물었어요. "나도 지금 뭘 하면 좋을지 모르거든!" 내가 말했지요. 엄마와 딸은 참 어려운 관계예요.

21) 지금은 잘 지내요. 그러나 고비가 있었지요. 고등학교 1학년 때 엄마가 "나 힘들어." 하고 말하면 "나도 힘든데 왜 그래! 내가 엄마가 아닌데 엄마를 어떻게 알아!" 하고 우악스럽게 말

했어요. 엄마도 여자예요. 아빠가 무심해서 내 위로가 필요했던 사람이었어요. 엄마는 물집입니다. 위험한 곳에 집을 짓는 물집 같은 존재.

22) "너는 일하지 마!" 엄마가 말했어요. 엄마 손은 쇠스랑 같아요. 모든 걸 잘해서 모든 가족이 다 엄마만 찾아요. 엄마가 돈을 벌어야 먹고살게 됐어요. 엄마 웃는 모습을 떠올릴 수 없을 만큼 엄마는 낡아졌어요. 엄마 옷을 잡고 울었어요. 엄마가 다시 말했어요. "너는 일하지 마!" 엄마는 이 말이 나에게 주는 최선의 선물이라고 생각한 것 같아요. 엄마 미워한 것 정말 죄송해요.

23) 엄마는 지금 병원에 있어요. 아낌없이 주는 나무 같은 존재였어요. 큰 엄마 존재가 이제는 좁쌀처럼 작아 보여요. 많이 싸웠어요. 지금은 내 어깨를 엄마에게 주고 싶어요.

24) 엄마의 감정 속은 쓰레기통이에요. 딸들의 온갖 눈물, 웃음, 화풀이가 다 들어 있어요. 엄마에게 다 쏟아 버렸어요. 엄마는 묵묵히 다 받아들였어요. 엄마가 혼자 우는 모습을 봤어요. 놀랐어요. 죄책감도 들었어요. 그러나 미안하다고 아직 말 못했어요.

돈도 들고
마음까지 아픈
혈육

돈 이야기는 언제나 치사하지만 모든 인간관계, 즉 가족에게도 이것은 예외가 아니다. 운명이라는 것이 있긴 있는지, 어느 부모에게 태어나느냐에 따라 부자도 되고 가난한 사람도 된다. 사랑하고 결혼하고 아이가 태어나는 전 과정에 모두 돈이 필요한데, 혈육은 마땅히 돈도 들지만 마음까지 아프게 하는 것, 이것이 우리를 괴롭게 하는 것이다.

엄마도 그렇고 딸도 그렇다. 세상에는 언제나 '좀 더' 좋은 것이 있다. 그런데 더 좀 더 좋은 것을 해 주지 못하는 엄마와 딸은 괴롭다. 세상에는 돈으로 마음 가볍게 해결되는 관계도 많다. 돈으로 책임을 다하는 일, 그런 일도 있는 것이다. 그런데 엄마와 딸은 돈만 푸짐하게 준다고 마음 가벼운 관계가 아니다. 돈을 주면서 마음까지 찢어질 듯 아픈 관계가 엄마와 딸이 아닌가.

딸이 불손해 엄마를 무시하고 막말을 해도, 인간 이하의 행동으로 엄마 마음을 황폐하게 만들어도, 그런 행동을 하면서 마음 아플 딸을 걱정하는 게 엄마다. 그런 딸과 아들에게 돈을 휙 집어 던져 주면서 "밥이나 먹어!"라며 상식 이하의 행동을 하는 것이 엄마다.

딸도 그렇다. 징징거리는 엄마, 대책 없이 팔자타령만 하는 엄마, 딸의 현실을 모르고 요구만 하는 엄마, 그런 엄마를 타박하고 꼴도 보기 싫다고 말하면서도 끝내는 다시 보고 싶은 엄마의 주머니에 몇 푼의 돈을 쥐여 주며 "밥이나 먹어."라고 하지 않는가.

돈이 사랑의 질을 높이는 것은 아니지만 돈은 하나의 사랑 표현이기도 하다. 그래서 상처를 입고 상처를 주는 사이도 반드시 '밥'을 논하고 '돈'이 오간다. 그 외에 달리 사랑 표현이 어렵고 사람들은 그 외에 사랑 표현법도 잘 모른다. 때로는 돈을 휙 집어 던지며 "속 뒤집어 놓고 무슨 알량한 돈이야."라고 할지 모른다.

혈육은 그런 것이다. 마음이 아픈 것, 마음 앓이를 하게 되는 것, 자꾸 마음이 쏠려 되돌아보게 되는 것이다.

나는 지금도 그렇다. 돈, 돈, 돈. 지금도 현금을 손에 쥐면 손이, 마음이, 저리다. 엄마 주고 싶은 것이다.

우리 엄마는 돈을 좋아했다. 그러나 좋아하는 만큼 가지지 못했다. 그 돈의 만족을 줄 수 없는 아픔은 어머니가 돌아가시고 30년이 훨씬 넘어도 아프다.

어느 날 어머니가 집에 오셨다. 내가 서른 중반이었을 것이다. 엄마에게 보여 주고 싶지 않은 풍경들이 집에는 가득했다. 엄마는 울먹였고 나는 빨리 가라고 등을 떠밀었다. 나는 대문 앞에서 만 원짜리 한 장을 주머니에 넣어 드렸다.

"엄마, 택시 타고 가."

엄마는 그 돈을 다시 내 주머니에 넣어 주었다.

"혼자 빨리 저 시장에 가서 짬뽕이라도 한 그릇 사 먹어라."

엄마는 완강하게 날 밀었다. 그렇게 만 원짜리 한 장을 가지고 몇 차례 옥신각신하다가, 나는 돈을 길에 던져 버리고 대문을 닫아 버렸다. 조금 후 대문을 밀고 나가 보니 길에는 만 원도, 엄마도, 없었다. 나는 그 거리에 주저앉아 울었다. 울고 또 울었다. 그 만 원짜리 한 장을 거리에서 허리를 굽혀 주웠을 엄마를 생각하면 지금도 뼈가 저리다.

그 만 원 한 장을 길에서 줍게 한 이 못난 딸을 엄마는 먹이지 못해 안달을 했던 것이다. 내가 어찌 남들에게 허리를 굽히지 않겠는가. 엄마에게 단돈 만 원짜리 한 장을 허리 굽혀 줍게 한 딸이 어찌 이 세상에 허리를 굽히지 못하겠는가.

나는 지금도 이 글을 쓰면서 운다. 이미 책상 앞에는 젖은 휴지가 가득하다. 엄마에게 돈을 드리고 싶다. 10만 원 아니 100만 원 아니 더 더 큰 돈을 지금 드리고 싶다.

옛말에 부모는 기다려 주지 않는다는 말, 나의 폐부를 찌른다. 그래서 때론 나는 엄마에게 편지를 쓴다. 편지를 쓰는 시간만큼은 엄마가 살아 계신 것 같다.

요즘 사람들은 편지 쓰기에 서툴다. 그걸 써서 뭣해, 라고 하겠지만 문자는 마음을 보여 주는 큰 힘이 있다. 편지를 쓰다 보면 자잘한 마음까지 표현하게 되고 아직까지 드러내지 못한 마음의 풍경을 담을 수 있다. 정면으로 얼굴 보고 할 수 없는 말도 할 수 있다. 편지의 기능은 마음을 녹이는 구실을 한다. 편지가 어렵다면 문자메시지라도, 마음을 녹이는 마음을 보여 주면 어떨까. 서로 번개처럼 부딪쳤던 마음의 상처를 풀어내는 것은 엄마와 딸이 서로 해야만 하는 일이다.

나는 딸들과 자주 밥을 먹는다. 우리라고 감정 대결이나 서운한 것이 서로 없지 않겠지만, 자주 밥을 먹으면서 웃고 떠들고 하다 보면 어느새 나쁜 감정은 사라지고, 식당을 나올 때면 나는 더 애잔하게 내 딸들이 사랑받는 삶이 되기를 원하게 되고, 내가 얼마나 내 딸들에게 요구가 많았고 미숙했는지를 깨닫게 된다.

누가 밥값을 내는가? 계산을 해 보지는 않지만 서로 비슷할 거다. 그러나 살아 있는 동안 내가 더 많이 밥값을 내기를 원한다. 맛있는 밥도 사 주고 딸들의 마음에 위로도 되는 엄마로 있다가 떠났으면 한다.

내 딸들의 고통을 내가 모르는 것이 많다. 먹고사는 일, 그것 때문에 나는 젊은 날 아이들을 집에 두고 돌아다녀야 했다. 하루 여덟 시간 강의를 할 때도 있었다. 새벽에 나가 밤에 들어오면 아이들은 잠들어 있었다. 그 아이들이 얼마나 엄마를 원망했는지 나는 몰랐다. 가끔 딸들의 대화에서 "그때 엄마는 집에 없었어."라는 말이 나오면 너무 아프다. 나는 나 아픈 것만 생각했는지 모른다.

그래, 미안하다, 나의 딸들아……. 생각하면 가슴이 녹아들듯 귀한 딸들이다. 내 딸들의 아들들을 보면 온몸이 저릿하게 사랑스럽다. 그런 기쁨을 주는 딸들에게 밥도 사 주고 이야기도 많이 하고 조용히 딸들을 뒤따라가는 엄마이고 싶다.

지금은 집안일의 결정을 대개 딸들이 한다. 내 생각이 미처 따라가지 못한다. 딸들이 훨씬 판단에 대한 탄력성이 좋다. 나는 그저 딸들을 따른다. 그것이 생의 순리가 아니겠는가.

엄마의
원초적
죄책감

  나는 딸들에게는 '미안'하고, 엄마에게는 '감사'하다. 아마도 누구나 이런 등식이 이루어지지 않겠는가.

  딸들에게 미안한 것은 원초적 죄책감이다. 좀 더 원만한 가정 속에서 넉넉한 사랑을 배우며 살 수 있었을 텐데, 하필이면 나에게 태어나서 비좁은, 거친, 불편함 속에서, 선천적으로 사랑 표현이 어수룩한 엄마에게서 고생을 했겠다……. 엄마란 존재는 사랑은 다 하지만, 어떻게 사랑하느냐가 중요한데, 나는 딸들에게 바람직한 엄마는 못 되었을 것이다.

  그 죄책감이 나는 크다. 물론 더 나쁜 환경에 태어날 수도 있는데 이 정도면 되지 않았니? 라고 할 수도 있다.

  그러나 어느 엄마나 그렇듯 나는 늘 미안하다. 나는 아이들이 어릴 때 어떤 것이 좋은 사랑인지 생각했다. 옆에 있어 주는 엄마가 좋은 것인지, 옆에 있어 주지는 못하지만 미래를 위해 각자 고독하고 불편한 시간을 감내하는 것이 사랑인지를 생각했다.

30대 후반에 뒤늦게 공부를 시작하여 마흔에 졸업하고 다시 공부를 시작하면서, 내 딸들은 각자 스스로 자란 셈이다. 물론 그런 대가로 전업주부인 엄마가 박사가 되고 교수가 되고 시인이 되기도 했지만, 그간 내 아이들에게 가장 필요했던 엄마의 사랑과 책무를 제대로 하지 못한 것은 나의 어쩔 수 없는 죄책감이다.

남들은 그렇게 말했다. 딸들의 희생은 하나도 계산하지 않고 내가 고생했다는 말만 너무 많이 들어야 했다. 나는 그것도 미안하게 생각한다.

사람들은 다 그렇게 말했다. 집안에 환자도 많고 아이들을 거느리면서 공부까지 한 나를 대단하다고 했다. 누구도 우리 딸들이 얼마나 고생이 심했겠느냐고는 말하지 않았다.

내가 베스트셀러 작가가 되고 돈도 벌어 다 딸들이 덕을 보았으니 좋지 않겠느냐고 말하는 사람이 더 많았다.

나는 너무 미안하다. 우리 딸들은 저희들끼리 뭐라고 말했을까. 이제 중년에 가까운 내 딸들은 엄마를 무조건 이해하려 하지만, 이젠 나이 많아 실수도 잘 하는 엄마를 두고 옛날을 떠올리면 무슨 생각이 들까.

사실은 나만 희생했던 게 아니라는 것을 나는 안다. 함께 희생했다고, 서로 잘 견디어 왔다고 나는 생각한다.

내가 딸들에게 특히 더 미안한 것은, 내 인생이 반영되듯 거칠고 우악스러웠던 나의 대화법이다. 그것도 폭력이지 않았겠는가. 나는 딸들을 때리지는 않았지만 딸들은 마치 폭력을 당한 것처럼 방향감각을 잃고 방황했을 것이다.

그 점이 미안하다. 공부할 분위기도 만들지 못하면서 공부 안 한다고 윽박질렀을 것이다. 워낙 딸들이 순해서 엄마의 입장을 생각해 주느라 자기들의 불편과 억울함을 말하지 않았다. 그것이 미안하다.

보통 엄마들도 자기도 모르는 사이 비폭력적 억압을 주었을 가능성이 있다. 자기 식으로 키워야 직성이 풀리는 엄마들이 여기에 속한다.

내 식으로 안전벨트를 숨 막히게 매어 놓고 그것을 사랑이라고 떠벌리고 있었는지도 모른다. 딸들의 의사와 희망은 물어보지도 않고, 내 식대로 안전벨트를 딸들의 목에까지 묶어 놓고 그것도 사랑이라고 말했는지 모른다.

그래서 다시 미안하다. 그리고 딸들에게 미안하면 미안할수록 엄마에게는 정말 감사하다. 엄마는 늘 인생이 불안하고 내일을 기약할 수 없는 상황에서도 엄마의 자리에서 단 한 번도 벗어나지 않고 우리를 지켜 주었다. 그런 엄마가 감사하다.

우리 엄마에게도 죄책감이 있었을까. 물은 적도 답한 적도 없지만, 엄마도 어쩌면 죄책감이 있었을 것이다.

한국전쟁을 겪으며 아빠 없이(아빠는 서울에 있었다.) 많은 자식들을 업고 걸리고 보리쌀알을 나누어 먹으며 엄마는 자식들에게 미안했을 것이다. 아빠라는 사람의 실책까지 등에 업고 미안해, 미안해를 마음속으로 얼마나 외쳤겠는가.

아빠와의 관계가 원만하지 못하면서 겪은 엄마의 인생은 혼란 그 자체였지만, 딸들의 미래까지 구상하며 그 길을 밟아 간 엄마는 그 누구보다 훌륭했던 것이다.

부산과 서울에서 하숙을 했을 때도 밑반찬을 챙겨 그 멀리까지 보내시기도 했다. 요즘같이 택배가 발달한 것도 아닌데 말이다. 그때 그 물건들을 받으면서 단 한 번도 절실히 감사해 본 적이 없다. 당연한 줄 알았고 다 그런 줄 알았고 그것이 사랑이라는 것도 몰랐다.

"또 보냈어?"

이딴 소리만 했던 것이다. 엄마의 마음을 눈곱만큼도 알려고 하지 않았다. 엄마는 요즘 어떠냐고 묻지도 않았다. 엄마란 당연히 고생하는 존재라고만 생각했다. 안부 인사를 하거나 고맙다는 말을 하는 것을 오히려 쑥스럽고 우습게 생각했다. 그게 엄마 아니야?

그러나 나는 그런 엄마가 아니었다. 나는 음식을 해서 결혼한 딸 집으로 싸 보낸 적도 없다. 간혹 딸의 시댁에서 보내온 것을 오히려 얻어먹는다. 나야 그러니 미안한 게 당연하지만, 잘하나 못하나 엄마라는 존재는 왜 모두 죄책감이 있을까. 그것은 원초적 죄의식이기 때문이다. 이유는 조금씩 다르지만 '엄마는 죄인'이라고 하지 않던가……

그렇다. 그렇게 보면 우리 엄마도 죄인이고 나도 죄인이다. 죄인으로 그 죄를 속죄하려고 남은 시간을 딸들에게 잘해야 하는데, 근사한 방법도 모르고 재능도 없다.

그러나 나는 생각한다. 내 일상생활, 무의식, 그리고 내 침묵 속에서마저 내 딸들에 대한 사랑이 있을 뿐이다. 그렇다. 그것뿐이다.

널 보면
내 기분이
어떨 것 같니?

    가장 불편하면서도 가장 편안한 관계, 이것이 엄마와 딸의 관계가 아닐까. 세상에 고분고분 말 잘 듣는 딸은 없다. 엄마를 이해하고 엄마의 입장에서 보려면 적어도 아이를 낳고 그 나이에 이르러야 한다.

    어릴 때는 엄마밖에 모르다가 엄마보다 더 좋은 조건의 다른 엄마들을 알아 가며 자기 안에 여러 복잡한 감정이 자라나면서 딸들은 새로운 세계에 눈뜬다.

    몸의 변화와 감정의 변화를 겪으면서 엄마를 불신하기에 이른다. 그리고 마음도 행동도 변한다. 변화하는 딸의 행동에 엄마는 충격을 받는다. 그리고 충돌한다. 충돌하면서 두 관계는 사납게 변한다. 멋 낼 줄도 모르고 교양도 없는 엄마는 시골뜨기 같다. 밉다. 엄마와 다르게 되려고 딸은 상식을 벗어나기도 한다.

"널 보면 내 기분이 어떨 것 같니?"

딸을 키우는 엄마들이 소스라치며 하는 말이다. 입 밖으로 말하지 못한 엄마도 마음으로는 수십 번, 수백 번 한 소리가 아닐까.

우리 엄마도 그랬다. 어딘가 복장도 남다르게 입으려 하고, 집에서는 긴 잠옷을 질질 끌며 집 안 먼지를 다 쓸고 다니고, 청승은 있는 대로 떨고 앉아서 비가 오면 밥도 안 먹고 창문 앞에 앉아 도라도 닦는 사람처럼 몇 시간씩 앉아 있다가 미친 듯 밖으로 나가 쏘다니고 돌아오는 딸을 보면서 엄마가 그랬다.

"미친년이 따로 없다. 널 보면 내 속이 확 뒤집어져."

내가 생각하기엔 속 뒤집어질 일이 하나도 없었다. 나는 철학적으로 하루를 보내고 있을 뿐이었다. 엄마가 되려 무식하게 생각했던 것이 부지기수다.

왜 엄마와 딸의 관계에는 이런 고비가 있을까. 그렇다. 이 지상에 그 어떤 연애보다 고비가 많고 속내가 뜨겁고 할 말이 많은 사이가 바로 엄마와 딸이다.

엄마는 기대하는 사람이다. 자신의 딸이 이 세상에서 날개를 달고 훨훨 날아가며, 사람들에게 사랑받고 무엇보다 행복하게 살아가기를 원하는 사람이다. 그렇다면 그렇게 살아가기 위해서는 무엇이 필요한가. 딸의 사람 됨됨이가 괜찮아야 하니까 엄마라는 존재는 잔소리를 하게 되는 것이다. 교양? 그런 것은 산 건너 물이다. 지금은 당장 딸의 모양새가 마음에 들어야 한다고, 아니 딸의 미래가 든든해야 한다고, 싹이라도 보여야 한다고 생각하는 것이다. 그래서 엄마들은 무식하게 행동하게 되는 것이다.

"부드러우면서 강해야 한다."

"남에게 약해 보이지 마라."

"너만의 색깔을 찾아라."

"너는 세상에 하나밖에 없는 존재다."

그렇게 말하면서 잔소리를 해 대는 것이다. 딸의 행복을 만들어 주는 것은 엄마의 희망만으로는 불가능하니까, 그것을 아니까, 그렇게 말하는 것이다.

아무리 세상이 변해도 여성에 대한 편견이 숨어 있다는 것을 엄마들은 아니까, 딸이 그 편견의 가시에 찔려 피를 흘릴까 봐 그렇게 잔소리를 하는 것이다.

"먼저 다가가라. 여성들은 인맥 구축이 어려우니 네가 먼저 따뜻하게 인사해라. 그렇게 퉁명스러워서 되겠니."

엄마들은 안타까운 것이다.

그러다 실망스러울 때 엄마들은 말한다.

"널 보면 내 기분이 어떻겠니?"

엄마들은 안다. 여성이 사회에 진입한 지가 오래되었다고 해도 여전히 문이 좁은 것을 아니까, 그래서 그 비좁은 틈을 비집고 들어가야 하는 것을 아니까, 볼 때마다 잔소리를 하는 것이다.

딸들이 아무리 똑똑해도 엄마처럼 알겠는가. 그래서 텔레비전 드라마만 보는 것을 안타까워하고 친구들과 제대로 사귀지 못하는 것도 안타까워하고 남자들을 잘 이끌지 못하는 것도 걱정스러운 것이다. 남자들을 읽지 못하고 사랑만 받으려는 딸을 보며 마음이 불안한 것이다.

엄마들은 이 세상에서 최고가 되라고 말하지는 않는다. 기본을 알아야 한다고 말할 것이다. 기본이야말로 중요한 덕목이니까.

엄마는 왜 딸에게 그런 잔소리들을 할까. 자신처럼 사랑하는 딸이 후회하지 않기를 너무나 간절하게 바라기 때문이다.

딸이 남들에게 칭찬을 받는 것을 보는 엄마는 어떨까. 그 기쁨은 황금의 산보다 더 높은 것이다. 한세상 겪은 근심을 한순간에 날려 버릴 수 있는 힘은 딸의 행복한 얼굴을 보는 일일 것이다. 이 세상에 그보다 흐뭇한 일이 어디 있겠는가.

어디에나 함정이 있다. 연애에도 결혼에도 직장에도 건너야 할 강이 있다. 그 강을 건너는 에너지를 준비하라는 것이다. 세상의 딸들아, 그렇다. 엄마는 딸의 함정을 자신의 몸으로 막아 주지 못한다는 걸 알기 때문에, 스스로 그 강을 건너는 힘을 쌓아 두라고 전전긍긍하며 잔소리를 하는 것이다.

안주는 안락사라고 하지 않는가. 어찌 딸의 인생을 안락사로 끌고 가는 것을 지켜보겠는가. 사랑하는 만큼 잔소리를 하는 것이다. 냉정하게 공격하는 딸들의 구박도 마다하지 않고 잔소리를 하는 것이다. 세상의 딸들아!

그래도 마니는 될 끼다

"그래도 마 니는 될 끼다." 이 말은 우리 엄마가 밥 먹듯 한 말이다. 내가 늪에 빠져 허우적거릴 때, 세상이라는 절벽에서 미끄러져 아슬아슬할 때, 엄마는 꼭 이 말을 내게 했다.

누가 봐도 미래가 깜깜하고 희망이라곤 없어 보이는데도 엄마는 나에게 '된다'는 말을 사용했던 것이다. 된다니? 그것은 세 살짜리 어린아이가 봐도 뻔한 거짓말이었다.

그러나 엄마의 눈은 다르다. 세상이 다 부정해도 엄마의 마음이 포기하지 않는 한 된다고 엄마는 믿는 것이다.

그렇다. 엄마가 믿으니까 되는 것이다. 엄마는 가장 영향력 있는 내면의 제왕이니까. 엄마가 된다고 하면 누가 그것을 막을 것인가.

엄마는 철저하게 나를 믿었다. 된다고 말해 주었던 것은 머리가 아니다. 가슴의 사랑이었던 것이다. 그만큼 엄마의 사랑이란 현실의 계산을 뛰어넘는 것이다.

엄마는 열다섯 살에 아빠와 결혼하고 고된 시집살이, 그러니까 인간이 할 수 없는 인간의 삶을 살았던 것이다. 딸을 낳았다고 산후 이틀 만에 피를 흘리면서 언 강을 때리며 이불 빨래를 해야 했다는 등의 비인간적 학대 때문에 엄마는 누구보다 딸, 그렇다, 여성이 공부하고 배워 인간의 이름을 찾아야 한다고 생각했던 사람이다.

그러나 엄마의 딸들은 그 간절한 마음을 누구도 이해하지 못하고 엄마보다 더 소극적으로 자신의 인생을 엮어 가지 못하니 엄마는 얼마나 답답했을까.

엄마는 현실만 허락했다면 얼마든지 배웠을 것이라는 말을 많이 했다. '된다'라는 일념을 엄마가 나에게 노래처럼 한 것도, 엄마로서는 너무나 절박했기 때문일 것이다.

최영숙은 이화학당을 졸업하고 스웨덴으로 유학을 가 우리나라 최초의 스웨덴 경제학사가 되었다. 그러나 금의환향한 그녀를 받아 주는 곳이 어디에도 없어 결국 야채 장사를 하다가 스물일곱의 나이에 요절한 안타까운 기록이 있다. 인도어, 독일어, 프랑스어, 이집트어 등 5개 국어를 섭렵하고 국제 감각까지 지닌 최영숙은 거리에서 채소를 파는 여자로 전락하고 말았던 것이다.

아무것도 마련되어 있지 않은 우리나라가 그녀 최영숙이 부화할 수 있는 둥지를 마련해 주지 못했던 것이다. 지배당하고 약화될 대로 약화된 국가가 무슨 힘으로 그녀를 살려 내어 나라의 힘으로 사용할 수 있었겠는가.

내 엄마는 그런 등식의 여자도 못 되었으니 가정이라는 굴레에서 노예 같은 삶을 살다가 피가 끓어 자식들로 자신의 희망을 이루어 보겠다고 생각했던 것이다. 그러나 어느 시대건 엄마보다 자녀들이 훨씬 더 소극적이고 잘 따라 주지 않기 마련이어서 내 엄마도 무척 답답해하셨다.

엄마의 무기는 아무것도 없었다. 엄마가 가진 것은 자신의 꿈에 대한 '신뢰'밖에 없었으므로 '된다'라는 말만 반복했을 것이다.

"그래도 마 니는 될 끼다."

엄마는 내가 내 삶을 있는 대로 부수고 박살 내고 더는 아무것도 희망이 없어서 손톱마저 머리카락마저 울었던 그 순간에도 나를 부추겼다. 그렇게 좁쌀 한 알만큼도 가능성이 없는 딸에게 '된다'라는 말을 할 때마다 엄마의 심장은 화석이 되어 갔을 것이다. 천 번 만 번을 "니는 될 끼다."를 반복하다가 어느 날 쓰러졌고, 눈을 감으신 것이다.

시인에다 박사에다 교수인 나는 엄마에 비해 조건이 훨씬 좋았다. 그러나 엄마는 나보다 훨씬 유능했고, 인내는 천재적이었으며, 자녀 교육에 있어서도 이 시대 어느 여자도 따를 수 없다고 나는 생각한다.

나는 내 딸들에게 그렇게 가능성을 제시하지 못한다. 몇 번 말해서 안 통하면 스스로 삐쳐 더는 말을 안 한다. 내 딸들이라고 좌절을 겪지 않은 것은 아니지만 나는 우리 엄마처럼 하지 못했다. 나는 더 이기적이며 딸들에게조차 무관심하면서 늘 아프다고만 하고 산 엄마다. 아니다. 나는 오히려 더 부정적으로 말했는지 모른다.

"그러고도 뭐가 되겠냐. 꿈도 꾸지 마!"

내 엄마하고는 차원이 다르다. 내가 힘을 불어넣는 것이 아니라 힘을 쭉 빼는 엄마가 되었다는 사실을 생각하면 할수록 부아가 치밀어 오르고, 나를 향해 화살이라도 당기고 싶은 심정이다.

"너도 될 거야, 왜 안 되겠니. 걱정 마라, 곧 힘이 날 거야. 너는 가능성이 있으니까."

나도 이렇게 말하고 싶은 마음은 가득하다. 그러나 이상하게 딸들의 얼굴만 보면 입이 달라진다.

"잘한다. 세상이 공짜로 너에게 뭘 갖다 주겠구나." 하면서 흥! 하고 약이나 올리곤 하는 것이다.

나는 반성해야 한다. 아니 반성한다. 내 딸들에게 머리를 조아리고 허리를 굽히고 남은 시간이나마 내 엄마의 인내와 너그러움과 가능성의 소신을 가져야 할 것이다.

문질빈빈(文質彬彬)이란 말이 있다. 공자의 말이다. 문은 외양을, 질은 내면을 말하는 것인데, 외양도 아름답고 내면도 충실해 모든 것이 조화로운 상태를 말한다. 그런데 엄마도 나도 그렇게 모두가 조화를 이룰 수는 없었다. 그러나 나는 생각한다. 엄마와 딸이 외양과 내면을 두루 합쳐 살아가노라면 조화로운 하나의 열매를 맺을 수 있을 것이다.

엄마와 딸은 그래서 티격태격하며 얼굴을 붉히지만, 결국 외양과 내면이 두루 조화로운 한 쌍의 작품을 만드는 것이 아닐까. 여성성은 그 어떤 위기에서도 정신 하나로, 예지 하나로, 인내 하나로 돌파력을 가지는 것이니까.

공자보다 180년 후배인 맹자도 말했다.

"사람들이 개와 닭을 잃어버리면 목숨을 걸고 찾으면서 제 마음은 잃어버려도 찾지 않는다."

사람은 나이가 찬다고 마음이 차는 것은 아닌 것이다. 엄마처럼 나도 딸들에게 후배들에게 제자들에게 "너는 꼭 된다."라고 말해 주는 너그럽고 따뜻하고 가능성의 문을 내 손으로 열어 주는 마음이 있기를 바란다. 그런 행동이 있기를 나에게 바란다.

이런 마음의 양식은 바로 내 엄마가 나에게 준 귀한 선물이라는 것을 나는 안다. 그러므로 실천해야 하는 것, 이것이 내 남은 시간의 과제다.

부적격 엄마와
부적격 딸

　나는 엄마로서 부적격하다. 아니다. 나는 딸로서 부적격하다. 이 말은 내가 수없이 마음에 품고 있던 말이고, 입 밖으로 나오려는 것을 입안에 붙잡고 끝내 하지 않는 말이다.

　그러나 나는 이 말을 입 밖으로 내보내면서 '부적격'이 '적격'으로 탈바꿈할 수도 있을지 모른다고 생각한다. 아무도 모르게 혼자 있을 때 이 말을 입 밖에 무지 많이 냈다.

　"그래, 다 내 잘못이다. 내가 부적격이다."

　속으로는 엄마에게도 했고 딸에게도 했다. 그런데 실제로 엄마에게는 이 말을 하지 못한 채 엄마가 돌아가셨고, 딸에게는 왠지 민망하여 얼굴 쳐다보고는 못한다.

　나는 부적격 엄마고 딸이다. 그런데 이상하게 엄마에게 부적격은 덜 가슴이 아프고, 더 가슴 아픈 쪽은 딸이다.

  딸들을 생각하면 늘 미안하다. 온몸이 저릴 만큼 미안하고 또 미안하다. 원래 엄마는 자격을 가지고 되는 것은 아니다. 아이를 낳고 보니 엄마가 되었고, 그때 자격 운운은 없었다. 그러나 엄마가 되면서 자격은 만들어야 하는 것이고, 그것은 피할 수 없는 엄마의 자격인 것이다.

  그런데 나는 별별 핑계를 대면서 왜 엄마 자격을 상실하게 되었고 부적격 엄마인지 설명하려고 애썼다. 원래 잘하는 사람들은 말이 없다. 나는 말이 많았다. 잘 못하는 사람들이 다 그렇듯이 딸들을 사랑하는 그 마음의 무게만큼은 어떤 엄마에게도 지지 않는다는 것, 그 말 참 많이 했다. 그런데 그 무게라는 것이 결국 자격 이야기 아닌가.

  엄마란 무엇인가?

  내가 어머니들을 상대로 강의를 할 때 질문한 적이 있다.

  "어머니란 무엇입니까?"

  그들은 하나같이 첫 번째로 '희생'을 꼽았다. 하면 할수록 더 하고 싶은 희생이 엄마의 희생이라는 것이다. 그러나 고통을 견디며 낳은 것도 희생이고, 핏덩이를 키워 낸 것도 희생이고, 아깝지 않게 모든 걸 주고 싶은 것도 희생이라고 해야 하나? 나는 얼마나 희생을 했나?

  두 번째로 그들은 '물질적 능력'을 꼽았다. 능력이 없으면 사랑을 잘 표현할 수 없다는 것이다. 눈에 보이는 것이 있어야 엄마의 자격이 있다는 말도 했다. 그리고 그들은 덧붙였다.

"엄마는 뭐든지 해 주고 싶잖아요."

그런데 못해 주면 능력이 없는 것이고, 능력이 없으면 사랑이 아니라는 말까지 나왔다. 나는 능력이 있는가?

세 번째는 '사회적인 정보력'을, 네 번째는 '힘 있는 사람들과의 친분'을, 그 뒤로 '무조건의 인내', '분별 있는 태도' 등을 꼽았다.

그 밖에도 많은 이야기가 있었지만, 나는 그렇다. 엄마는 그 자리에 그대로 있어 주기만 해도 엄마의 역할을 충실히 한 것이 아닐까.

나는 사회적인 정보도 어느 정도 알고, 높은 지위의 사람들과 친분도 넉넉한 편이다. 그런데 내가 살아온 경험으로는, 그거 아무 도움이 되지 않았다. 내가 못나서일까. 잘난 척하다가 도저히 딸 문제로 갑자기 허리가 굽혀지지도 않거니와, 소위 청탁, 부탁은 너무나 어려웠다. 이런 사람하고 안다고 좀 어깨를 들먹거릴 수는 있을 것이다. 번지르르하게 보이고 싶은 치장은 될지 모른다. 그러나 딸을 위한 방법으로는 효과가 있는 것은 아니었다. 그러니 어쩌겠는가. 그대로 내가 내 힘으로 딸들의 옆에 있어 주는 것뿐이다.

아니다. 나는 옆에 있어 주지도 못했다. 내 딸들은 스스로 알아서 살았고, 부족한 것이 있어도 엄마가 도움을 주지 못했다. 그것이 돈이라도 그것이 일이라도 그것이 교육 문제건 뭐건…… 내 딸들은 이미 나보다 더 잘 안다.

그렇다고 딸들이 나에게 엄마로서 부적격이라고 말하면 섭섭할 것이다. 내 엄마에게는 무조건 부적격 딸이지만 내 딸들이 나를 부적격 엄마라고 하면 아마도 배신감을 느끼지 않겠는가.

나는 늦복이 있는 사람이다. 딸만 낳았다고 기죽어 산 때가 별로 오래되지도 않았는데 지금은 사람들이 날 부러워한다. 친구를 셋 얻은 이 충만한 복을 나는 딸들에게 적격의 엄마로 이 사랑을 잔잔히 지켜야 할 것이다.

지금은 딸들이 날 혼낸다.

"엄마는 왜 그래요."

자주 이 말을 듣는다. 들을 때 행복하다. 물론 도가 넘으면 섭섭할 때도 있지만 나를 보호하는 딸들이 있다는 것은 엄마로서 여간 마음 넉넉한 것이 아니다.

내 딸들은 내 친구다. 부적격이라도 친구는 친구다. 너무 가까워 마음을 다치게 하는 일이 없도록 지금도 조심한다. 나는 사랑하는 내 영원한 친구들이 있어 정말 고맙다.

앞으로 내 인생은, 아니 남은 시간은 이 친구들에게 내 사랑을 보이는 것으로 보내고 싶다. 어디에 있건 마음이 함께 있는 내 딸들…… 이 친구들이 있는 한 나는 외롭지도, 내 삶이 원망스럽지도 않을 것이다.

비록 나는 엄마에게도 딸들에게도 부적격이었지만, 내 딸들은 부적격인 엄마를 좋은 친구로 받아 주고 있으니, 나는 좀 성실하게 아니 화끈하게 "미안해."를 연발하면서 살아야 할 것 같다.

나는 그랬다. 딸들에게 항상 내 민감한 촉수를 드리우며, 상대방의 입장에서 생각하지도 행동하지도 않고, 전혀 그런 준비도 되어 있지 않으면서, 그래, 그 흔한 '공감'이라는 것을 만들지도 못하면서, 내 딸들이 사과를 하지 않는가에만 신경을 곤두세우고 있었던 것이다. 내가 그렇게 못했으니 내 딸들이 제 가족에게 이웃에게 친구에게 사과할 줄 모른다고 혼낼 수 없지 않겠는가.

사과를 잘하는 사람은 가족이나 주변 사람들과의 갈등 해소에 뛰어나고, 남을 이해하려는 긍정적 사고에도 큰 도움이 된다고 전문가들은 말한다.

"미안해!"라는 말은 건강에도 좋다고 한다. 피해자의 심장 박동수를 줄이고 혈압을 내리기도 한다는 것이다. 마음이 편하면 그만큼 갈등 요소가 줄기 때문에 건강에도 자연히 도움이 되는 것이다.

"미안해!"라는 말은 마음에 두면 둘수록 썩기 쉽다. 부패

한 찌꺼기는 결국 건강을 해치고 인간관계조차 썩게 하는 것이다. 우리가 아무 곳에나 버리는 쓰레기가 결국 우리의 건강에 해를 끼치는 것과 다르지 않다. 서로 사과하고 마음을 푸는 일은 그 어떤 것보다 질 좋은 환경이라는 것을, 나는 딸들에게 말해 주고 싶다. 엄마처럼 습관이 어쩌고 하면서 "미안해."를 뒤로 미뤄 썩게 되어, 그래서 자기 몸이나 주변의 환경에 악취를 풍기는 일은, 내가 사랑하는 친구인 내 딸들에게는 결코 있어서는 안 되기 때문이다.

사과는 진정성이 중요하다. 이 세상에 아무리 짝퉁이 많고 가짜투성이라지만 제 딸에게 짝퉁 사과를 할 수 있겠는가.

그렇다고 너무 바른생활 책 읽기 같은 사과도 문제가 있다. "엄마, 미안해." 혹은 "애야, 미안하다." 엄마가 딸에게 딸이 엄마에게 건성으로 적당히 스쳐 지나가듯, 번갯불에 콩 볶아 먹듯 하더라도 사실 그 안의 진정성은 의심하지 않아도 될 것이다. 믿지 않는가. 그러나 이제는 그렇게 스쳐 가지 말고 좀 더 적극적으로 화끈하게 작은 감정도 풀어 버리는 것이 중요하다.

"뭐, 엄마와 딸 사이인데……."

그렇지 않다. 엄마와 딸 사이도 타자로서의 공동체적인 사과와 화목이 필요하다. 더 좋은 친구가 되기 위해, 좀 더 사랑하기 위해, 부적격을 적격으로 전환하기 위해.

엄마의 약점을 냉혹하게 지적하는 딸

"우리 딸은요, 지 애비의 약점을 지적할 때는 '아아~빠 그러지 말아요옹.' 하고 애교를 떨면서, 나한테는 독하게 쏘아붙여요. '엄마! 그렇게 하면 어떻게 해! 지난번에도 그랬잖아. 왜 그러는데, 정말!' 때로는 눈물이 핑 돌아요. 조목조목 따지고 드는 것이 가관도 아니에요. 딸년한테 듣는 핀잔치고는 독약 같다니까요."

이런 이야기를 엄마들에게 자주 듣는다. 아빠에게는 듣는 기분까지 배려하고 듣고 난 후의 감정 상태까지 앞서 생각하는 딸이 자신에게는 함부로 대하듯 한다는 것이다. 정면 공격이라는 것이다. 순간적으로는 '이년이 이럴 수가, 내가 저를 어떻게 키웠는데.' 하고 딱 안 보고 싶은 마음이라는 것이다.

그렇다면 이런 마음이 얼마나 갈까. 뒤돌아서면 잊어버리는 것이 엄마의 마음이다. 딸들은 모른다. 소리치고 무식하게 굴고 할 말 다 하는 것처럼 보이지만 엄마들은 천 마디에 구백구십구 마디를 참는다.

왜 딸은 엄마에게 이렇게 함부로 대하는 걸까? 우선 같은 여자라는 이유가 제일 크고, 어쩌면 바로 엄마가 자기 자신이라고 생각하는 것은 아닐까. 자기 자신이므로 엄마의 잘못을 보고 그냥 넘어갈 수가 없고, 거듭되는 실수가 짜증 나는 것이라고 생각할 수 있다. 참을 수가 없는 것이다.

딸들은 엄마의 약점, 엄마의 단점, 엄마의 실수, 엄마의 무지를 바라볼 때 나의 엄마는 적어도 이러이러해야 한다는 나름의 경계가 무너지는 것을 보게 된다. 싫고 슬플지 모른다. 그 경계가 무너지는 것을 거듭 바라보면서 자신이 무너지는 것을 대리 경험하고, 미움과 사랑이 묘하게 섞이면서 분노까지 치밀어 화를 내고 막말을 뱉어 내게 되는 것이다.

딸에게 가장 가까운 사람은 엄마다. 가장 가까운 사람의 교양 없는 행동과 말과 생각을 참지 못하는 것은 당연하다. 딸들은 엄마가 '옛날이야기'를 하는 것도 못 참는다. 옛날에 나는 이렇게 했다는 둥, 옛날에 나는 엄마에게 이렇게 했다는 둥, 옛날에 너무 가난하게 살았다는 둥, 이런 이야기들을 듣기 싫어한다. 그런 딸들에게 왜 엄마들은 그 옛날이야기를 꺼내

놓는가. 딱 듣기 싫다는데 말이다.

딸들은 불편한 것을 참지 못한다. 무식해 보이는 것은 질색이다. 교육 환경이 남성을 앞서는 시대에 살면서 "여자가……"라든가 "아무리 세상이 달라졌어도……." 같은 소리는 엄마가 할 말이 아니다.

엄마들이 지금의 현실과 너무나 다른 환경에서조차도 이렇게 이렇게 살아왔고, 요즘 아이들은 어쩌고저쩌고…… 하는 것을 아주 싫어한다. 지난날의 상황을 이해하지 못하고 딸들은 결과만 가지고 단정을 한다.

"아이고, 또 그 이야기!"

그러고는 휙 돌아서 제 방으로 들어가는 것이 딸들의 반응이다.

그러나 이 정도는 상당한 품위다. 나는 내 엄마에게 참으로 못된 딸이었다. 나한테 들은 공격만으로도 엄마는 죽었을 것이다. 엄마가 팔자타령을 하면 지긋지긋하다며 신경질을 내고, 외로워 밤잠을 못 자고 마루 끝에 걸터앉아 새벽을 맞으면 '귀신' 같다고 냉혹하게 따졌다. 왜 그렇게 청승이냐고 말이다. 그렇게 찬비를 죽죽 퍼붓는 나에게 엄마는 "오늘은 뭘 먹고 싶냐?" 했다. 방학이라고 온 딸에게 먹는 것이 가장 중요했기 때문이다.

어떤 소리를 들어도 그냥 엄마였다. 가슴 무너지고 눈이 팽

돌고 가던 걸음을 멈추고 눈물을 닦고 온몸이 쑤시고 열이 높아도 새벽이면 어김없이 부엌으로 들어가 음식을 만들던 엄마. 어쩌면 그 헬 수 없는 윽박지름과 상처와 고통이 딱지를 떼기도 전에 다시 상처를 내고 피를 내는 동안 엄마는 엄마가 되었는지 모른다.

엄마의 마음 근육은 울면서 다져지고, 엄마의 가슴 근육은 서럽고 억울하여 펄펄 뛰면서 굳어지고, 엄마의 채워지지 않는 소망은 언제나 배고프면서 그 허기를 견디느라 단단한 근육으로 자리 잡으며 엄마가 되어 갔을 것이다.

마음의 고통을 견디는 것은 누구나 어렵다. 그러나 딸 때문에 겪는 고통은 엄마의 기본 생의 메뉴이므로 정신 하나로 우뚝 서게 되는 힘, 그것이 엄마의 힘인지 모른다.

딸에게 상처를 받고 딸이 다시 에테르와 같은 마취 효과의 힘을 지니는 일은 엄마와 딸 사이에서 현재도 이어지고 있는 현상이다. 딸이 주는 통증은 곧 사랑이라는 물질로 채워져 있으니까.

이젠 딸들도 엄마가 왜 저렇게 하는가에 대한 고민이 필요하다. 이해해야 하지 않을까. 무조건 엄마를 한 단계 끌어내려서 잘 모른다고 못 박지 말고, 독하게 탁 쏘아붙이지 말고, 엄마의 의견은 이럴 수도 있구나 귀 기울여 주면 좋을 텐데, 그게 어려운 일인가 보다.

그렇게 하리라고 딸들은 자신과 약속을 했을 것이다. 천 번 백 번······. 그러나 딸들은 엄마를 보면 절대로 입을 막지 못하는 것이다.

엄마의 지나가는 말 한마디에 상처 받는 딸

　엄마와 딸 사이는 얼마나 예민한지 평범한 일상 속에서 엄마의 지나가는 말 한마디에서도 딸은 깊은 상처를 입는다. 별 의미도 없다고 엄마는 말한다. 그게 무슨 상처 입을 일이냐고 엄마는 말한다. 억울하다는 것이다. 딸을 사랑하는데 그게 무슨 소리냐며 별일이라고 오히려 더 가슴을 친다. 그러나 딸의 입장에서는 듣기 거북하기도 하거니와 그 한마디가 딸의 가장 근원적인 결핍을 건드리는 말이라는 것을 엄마는 생각하지 않는다.

　"내가 널 얼마나 사랑하는데…… 내 딸인데…… 나는 네 엄마잖아. 너한테 나쁘게 하겠니?"

　이것이 엄마의 말이다. 그러나 실질적으로 엄마는 딸에게 상처를 입혔고, 딸은 화가 나고 엄마가 미워지고 벌벌 떨리도록 싫어진다.

아마도 어린 시절에 이미 그 관계가 설정되어 있는지 모른다. 엄마가 그냥 어린아이에게 아무 생각 없이 던졌던 "너는 왜 그 모양이야! 저게 자라 뭐가 되겠나!" 이런 말들이 어린 딸에게 심어지고 그 결핍의 나무가 딸과 함께 자라 딸의 마음속에 웅크리고 있어서, 엄마가 무의미하고 별뜻 아닌 말을 할 때도 딸의 그 결핍의 나무가 반응하여 화를 버럭 내며 엄마! 하고 소리를 지를 수 있는 것이다.

엄마의 말은 딸의 마음에 저장된다. 심리학자들은 젖먹이 때부터라고 말한다. 젖을 물리면서 이 핏덩이가 뭘 알아들을까 싶어 남편이나 시어머니를 욕하거나, 어린 젖먹이에게 "낳은 것이 다 내 죄다, 이 물건을 어디다 버릴 수도 없고……." 하는 등의 말도 사실 다 알아듣고 있다는 것이다. 그래서 네 다섯 살 때 그 딸을 믿지 못해 의심하고 마음을 떠보고 윽박지르는 것도 딸의 마음속에 다 저장된다는 것이다.

이런 부적격한 엄마에 대한 기억을 가진 딸들이 많을 것이다. 나도 그런 엄마였다. 고백하건대 나는 딸들에게 예의를 차리지 못했고 산 교육의 의미를 나 몰라라 했으며 무식한 엄마의 전형을 보였다고 할 수 있다.

내 딸들은, 특히 언니들보다 막내는 그런 내 몰상식에 대해

지적한다. 지적을 당하니 나는 섭섭하고, 지적하고 나니 막내도 마음이 편치 않아서, 서로 등을 돌렸다가 마음이 아파서 옆으로만 빙빙 돌다가 결국 똑같이 눈물을 흘리고 만다.

정말 딸들에게 미안하게도, 나에게는 우리 엄마의 교육 방식이 잠재되어 있다. 딸들을 하대하거나 낮추어 말하는 버릇 말이다. 신식 교육을 받고 여성으로서 자기 목소리를 내는 시대에서 분명히 여성의 역할을 강조해 오던 내가 집에서는 말과 다르게 자식을 깎아내리는 방식을 사용하는 것이다. 노력하는 사이에도 그런 표현이 터져 나온다. 아마도 저장되어 있거나 습관에 묻어 있거나 의식 속에 자리 잡은 것은 아닐까.

그래서는 안 된다고 나는 분명히 생각하고 있다. 그런데 절대로 해서는 안 되는 말이 나오고 후회해도 늦는 경우가 많은 것이다.

"네가 뭘 해?"

"이게 다 뭐냐?"

"그래, 뻔하지 뭐"

"꼴 하고는……."

이런 말들을 하면 내 딸은 화를 버럭 내고 엄마를 더 이상 기대할 수 없는 인간으로 간주하려 든다. 이럴 경우 그 자리에서 바로 반박하는 딸이 있고, 시간이 흐른 다음에 그 상황을 분석하는 딸도 있다.

외국에서도 상황은 비슷하다. 『엄마와 딸』(폴린 페리, 안시열 옮김, 큰나, 2004)을 보면 난 어머니를 사랑합니다, 난 어머니를 증오합니다, 라고 분명히 말하면서 그들의 고민을 밝힌다. 결국 어머니와의 감정 대결을 경험한 딸들이 엄마의 죽음 앞에서 겪는 아픔을 술회하는 대목들이 많이 나온다. 모든 엄마들이 좋은 역할의 모델이 되어 주지는 않는다. 영혼을 파괴하는 거절과 학대를 맛보는 딸도 있다. 그런 딸이 어른이 되어 엄마에 대한 혼란스러운 감정을 아주 실감 나게 표현하고 있다. 사랑과 증오는 함께였다는 것이다. 그리고 그 사랑과 증오가 동시에 일어날 때는 머리와 가슴이 터질 것 같다고 고백한다. 아마도 세상의 모든 엄마와 딸들에게 일어나는 것을 보면 한국의 현실만은 아닌 것 같다.

그러나 시대적인 차이를 가지고 말하면, 내가 자랄 때 엄마는 내가 지금 딸들에게 하는 말보다 더 유치하고 독하고, 결코 엄마라면 할 수 없는 말들을 했다.

"당장 나가 죽어라!"

"저걸 자식이라고 미역국을 먹었으니."

"에미 가슴을 파먹는 송충이 같은 것, 저 못난 것."

이런 말들을 그 시절 엄마들은 태연하게 했고, 듣는 딸 또한 태연했다. 엄마들은 모든 갈증과 부족의 감정들을 자식에게 쏟아부으며 감정 해소를 했을 것이다.

딸들은 그걸 다 알고 있었던 게 아닐까. 엄마가 소리를 치면 슬쩍 피하면서 엄마의 오늘 날씨 흐림이라고 생각했을 것이다. 나도 그랬다. 엄마와 아빠가 싸우면 엄마를 피하는 게 상책이었고, 그다음에 나오는 말은 소나기로 맞고 말리면 되는 것이었다.

엄마의 결혼 생활이 힘겨울수록 말의 질이 떨어진다는 글을 읽은 적이 있다. 나는 그것도 작은 이유가 될 수 있을 것이라고 생각한다.

나도 딸과 서로 감정 대결이 일어날 때마다 내가 고생한 이야기, 그 시절 그때, 바로 그때는 말이야, 하며 그 어려웠던 시절 이야기를 꺼내는 경우가 있다. 여기에 대해선 나의 딸들이 한 번도 대놓고 말한 적이 없지만, 지금 생각하면 얼마나 듣기 싫고 거북했을까 싶다. 이해도 된다. 걸핏하면 입에서 흘러나오는 그 힘든 시기라는 것······.

사실 딸들은 나보다 그 시절에 대한 인지 상태가 흐리고 막연하여 그래 그런 때가 있었지······ 하고 생각하는 정도가 아닐까. 설령 잘 알고 있다 해도, 그걸 왜 그렇게 자주 이야기하는 건데······ 하고 반문하면, 나는 아마 이렇게 대답할 것이다.

"너희들은 모른다."

어른들은 그렇다. 딸들의 입장은 전혀 생각지 않고 섭섭한 마음만 따진다. 하지만 나는 지금 섭섭한 마음은 다 땅에 묻고 기분 좋은 말들만 딸들에게 주기로 작심한다. 그게 어디 잘 지켜질지 모르겠다.

원래 그렇다. 자녀 교육이란 엄마가 기대하는 것은 무리다. 공부는 좀 못해도 친구 관계가 원만하고 틀린 일에 고집을 부리지 않는다면 장차 좋은 아이가 될 것이라고 믿는 것이 중요하다.

그런데 나도 아이를 기를 때는 모든 것을 참견하려고 했다. 그것이 교육이라고 생각하면서. 딸의 서랍도 뒤지고, 주머니도 뒤지고, 일기장도 훔쳐보고, 딸의 은근슬쩍 거짓말도 다 안다고 까발리고, 너무 가난하고 공부 못하는 친구는 사귀지 말라고 명령하고, 이혼한 부모 딸도 못마땅하게 생각하고, 좀 유난하게 옷을 입는 친구도 멀리하라고 윽박지르고…… 아이고 맙소사, 나는 그런 엄마였다. 도무지 내가 대학을 다녔는가, 그래 나는 문학도였나, 시인이었던가 말이다.

그렇게 내가 달달 볶았는데도 잘 자라 준 나의 딸들에게 지금 난 큰절이라도 하고 싶다. "미안해." 이 말만 죽을 때까지 하며 반성해도 모자랄 것 같다.

걸핏하면 번지르르하게 이론으로 대꾸하고, 얼마나 진심으로 딸의 마음속에 들어가려고 노력했는지 모르겠다.

사랑하는데, 이 세상에서 가장 사랑하는 딸들인데, 나의 교육법과 사랑법은 오류투성이었다.

엄마의 사랑에도 노력이 필요하다. 깊은 울림이 필요하다. 엄마라고 다 진심은 아닌 것이다.

 진정한 사랑이 무엇인지 공부하고 겸허히 듣고 나를 낮추어야 할 것이다. 나는 사랑의 결핍과 오류를 고쳐 나가는 데 남은 생을 바치고, 내 딸들이 엄마의 말로 상처 받지 않기를 빈다.

감정 검진을
받아라

 '감정 암'이라고 들어 본 적이 있는가. 나는 의사는 아니지만 아마도 육체의 어느 부분에 암이 생기기 전에 이미 감정 암에 걸려 있었다고 생각한다. 그 감정 암은 결국 육체의 암을 부르고, 대개는 너무 빠르게 생명을 내어주지 않으면 안 되는 현실에 놓인다.

 감정이란 육체의 어느 부분이 아니라 온몸을 다 말하는 것이다. 기분이 나쁘거나 좋은 것은 온몸으로 번지는 것이므로 감정처럼 온몸에 영향을 미치는 것은 드물다.

 내가 암에 걸렸던 이유도 순전히 감정 암이었다. 소스라치고 자지러지면서 자신을 가누지 못할 정도의 감정을 팽개쳐놓고 살았던 세월의 결과라고 나는 생각한다. 개인적인 감정을 무조건 자제하고 삶에 의무와 책임의 보자기를 꽉꽉 씌워 두고 입 딱 닫고 살라고 내가 나에게 명령하며 살았던 세월의 눈물이 고여 암이 되었을 것이라고 생각한다.

암에 걸린 사람들, 특히 유방암에 걸린 여자들의 이야기를 들어 보면, 기가 탁탁 막히고 솟구치는 울분을 꿀꺽꿀꺽 삼키는 과정에서 조금씩 감정 불통이 쌓이면서 암이 되었을 것이라고 생각된다.

그중에서도 대화 불통이야말로 암의 근본이었을 것이다. 대개 내성적이고 이를 악물고 잘 참는 여자에게 유방암이 생긴다고 나는 생각한다. 요즘은 여자들에게 다른 악재가 많아졌지만 옛날에는 혼자 사는 여자들에게 유방암이 많이 생겼다. 그것은 통계로도 나와 있는 일이다.

그것은 무엇을 말하는 것인가. 바로 감정 불통과 해소되지 않는 따뜻한 인간관계의 결핍에서 오는 것이리라. 스킨십이랄지, 소통을 원하지만 해결되지 못한 육체의 갈망이 화를 낸 것이라고 생각하면 틀린 말일까.

암에서 벗어나기 위해 가장 중요한 것은 가족 간의 감정 통로가 막히지 않고 대화의 물꼬를 트는 것이다. 그것이 위로이며 치유가 되지 않겠는가. 소통되지 않으면 답답해서 몸이 화를 내는 것이다. 감정이 병들게 되는 것이다.

암 예방에 가장 중요한 것은 그래서 대화다.

대화의 첫 번째 방식은 단순한 언어 교환이다. 가령 "와, 비가 오네."라든가 "벌써 봄인가 봐." "아침 먹어요." "잘 잤어요?" 등 누구하고도 할 수 있는 대화다. 특별한 의미가 있는 것이 아니라 가볍게 할 수 있는 말, 안부 인사 등이 대화의 출발이라고 할 수 있다.

그다음이 사무적인 대화다. 가족끼리도 사무적인 대화가 얼마든지 있을 수 있다. "입학식이에요." 아니면 "은행에 가야 하는 날이에요."에서 생일, 입학식, 졸업식, 결혼식 등 예의를 갖추어야 하는 일은 다 사무적인 일들이다. 결혼 생활 속에는 이런 사무적인 일들이 얼마든지 있다.

그러나 좀 더 친해지려면 이 두 가지만으로는 배가 고프다. 더 깊은 이야기가 오고 가야 서로 친숙함을 느끼는 관계가 될 수 있다.

그중 하나가 서로 의견을 교환하는 대화다. 생각의 차이를 대화로 좁히고 긍정과 공감의 사이로 발전시키는 것이다. 이 대화를 잘 지속하면 관계가 활발해지고 가슴속에 남는 찌꺼기는 자신도 모르게 사라지는 것이다. 너는 그러냐, 나도 생각해 볼게, 이것은 어떠냐, 나는 이렇게 생각한다. 서로 반대되는 의견도 이렇게 서로를 배려하면서 하다 보면 이상하게도 어느 지점에서 서로 겹쳐지면서 같은 결론에 이르게 되는 것이다.

읽은 책에 대한 의견, 영화를 본 느낌, 여행하면서 보았던 것들에 대해 서로 대화하면서 접근성을 찾아가는 일은 우리 삶 안에서 무엇보다 중요하다. 이런 경우 상대의 의견을 존중하고 이해하는 것이 필요하다. 사실 우리나라 사람들은 이것을 잘 못한다. "시끄러워!" 하고는 독단적으로 처리하는 버릇이 있다. 그러면 상대는 상처를 받게 되고, 그것은 결코 치유되기 어렵다.

그다음은 조금 더 깊어지는 대화다. 서로 단점도 이야기할 수 있고 작은 기쁨도 나눌 수 있다. 서로의 신념, 서로의 희망, 서로의 절망, 서로의 가치관을 진솔하게 이야기할 수 있는 관계란 서로 마음이 가깝지 않으면 불가능하다. 조금씩 서운한 일이 있더라도 더 깊이 서로의 마음을 열면서 나누는 대화다. 엄마와 딸의 대화는 이와 같아야 한다. 이 정도로 서로의 감정을 내비치는 것이 오해도 상처도 씻어 주는 치유 단계로 오르는 일이다. 이루지 못하는 희망과 꿈을 더불어 노력해 주고 상대의 아픔을 다독거리는 일이다.

그러나 대화에서 가장 심오하고 신앙적 치유 반열에 오를 수 있는 것은 언어로 말할 수 없는 침묵으로서의 치유라고 말할 수 있다. 침묵의 대화.

내 남편은 구두쇠였다. 내가 화가 나면 찌질이라고 불렀다. 그는 내가 쓰는 생활비를 모두 계산해서 100원만 틀려도 반성문을 쓰게 하는 코미디언이었다.

자신에게도 인색했다. 더운 여름 버스도 타지 않고 걸어서 집에 오는 사이 맥주 한 잔이 얼마나 그리웠겠는가. 그러나 그는 맥주 한 잔을 아꼈다. 그리고 집을 샀다.

집을 사고 그는 만족한 기분으로 소주 두 병을 마셨는데, 끝내 울면서 내게 고백했다. 너무나 가난한 집에서 고추장을 반찬 삼아 대학생이 되었다는 것을. 그리고 그는 말했다.

"당신 알아?"

나는 아무것도 모른다. 그러나 그의 눈물과 비통하면서도 행복한 얼굴을 보면서 모른 척할 수가 없었다.

"알아요."

"정말 알아?"

"안다니까요."

우리는 그날 밤 그 말을 열 번도 더 했다. 마음을 소통하고 나니 남편이 정말 좋아졌고 그간의 미움이 다 사라졌다. 다음날 아침 나는 온갖 정성을 들여 아침밥을 지었다.

마음의 소통은 병을 낫게 한다. 오로지 서로 이해하고 사랑할 때 암은 사라진다. 남편이 나에게 진심을 숨겼다면 우리의 아름다운 소통과 감동은 없었을 것이다.

가장 깊은 곳까지 닿는 대화란 그 사람을 얻는 것이다. 천만대군을 얻는 것보다 더 든든하지 않겠는가. 이것이 감정의 암을 예방하는 것이고, 감정의 암을 태워 없애는 소통의 관계를 만드는 것이다. 깊은 대화로써 감정에 쌓인 암 덩어리를 녹여 없애 버리는 일, 누구에게나 중요하고 학습되어야 할 공부다.

감정을 사랑으로 부양하라. 감정도 책임이다. 책임 있는 부양이 인간관계를 맑게 하고, 마음을 숨기지 않고 적당히 다독거리며 사는 일이 감정을 건강하게 하는 일이다.

어쩌면 감정 부양은 가족 부양보다 어려운 일일 것이다. 나도 그렇다. 나는 열을 잘 받는다. 겉으로는 드러내지 않지만 아무도 모르게 복장을 치면서 속을 태운다. 스스로 치유할 됨됨이도 되지 못하니까 결국은 얼굴도 감정도 시뻘게져서 씩씩거리며 그냥 먹고 자 버리는 처방을 쓴다. 이것이 가장 나쁜 해결책이다.

천천히 산책을 하면서, 그래도 안 되면 혼자 소리라도 질러 보면서 마음을 가라앉힌다. 자신의 실수도 생각해 보고 상대방을 이해하려는 시도도 해 보고 그를 불쌍한 인간이라고 생각하면서 감정의 열을 꺼야 한다. 이런 노력은 기본이다. 스스로 화와 열에 지면 안 된다. 자신을 다스려 감정 암으로부터 탈출해야 한다.

엄마와 딸의 관계도 예외는 아니다. 감정을 화난 채로 꼭꼭 닫아 두면 어떻게 되겠는가. 서로 감정을 다독거리는 사랑 연습이 엄마와 딸에게 필요하다. 그것이 불행의 예방일 것이다.

감정에도 건강검진이 필요하다. 사실 육체보다 감정 검진이 더 중요하다. 감정이 건강해야 몸이 건강하기 때문이다.

감정의 키, 감정의 몸무게, 감정의 폐활량, 감정의 시력, 감정의 온도를 재고, 감정의 피 검사를 하고, 감정의 위장에 장애가 없는지도 가끔씩 살펴야 한다.

감정 경련, 감정 통증, 감정 마비를 예방하기 위해서라도 우리는 감정 검진을 스스로 할 수 있어야 하고, 감정 암을 치유하고 예방할 수 있는 대상을 골라 대화하고 상담하고 함께 웃을 수 있어야 한다. 그리하여 감정 통제가 가능해지고 고통이 덜어지고 여유가 생기고 넉넉해지는 그런 감정 안에서 우러나는 것을 우리는 사랑이라고 부르지 않겠는가.

이렇게 노력하면 우리는 감정의 암, 더불어 몸의 암을 멀리할 수 있는 것이다. 이렇게 뻔한 이치를 우리는 지키지 못한다. 우리는 바보다. 노력해야 한다. 사실은 나부터…….

감정 종기를
다스려라

 종기가 곪아 퉁퉁 부어 무서울 정도로 악화되어 본 적이 있는가. 그 종기가 터져서 고름과 썩은 피가 나오고 나서야 낫게 되지만, 그것을 터트리지 못하면 그 종기는 결국 암을 부른다.

 어렸을 때 내 친구는 잘 씻지를 않아서 종기가 많이 났다. 학교 아이들은 늘 놀렸고 그 친구 옆에 가려고 하지 않았다. 누렇게 곪아 있는 종기가 무서워 나도 그 옆에 가지 않았다.

 어느 날 나도 소꿉놀이를 하다 녹슨 못에 찔려 종기를 앓았는데 그 몸살이 이만저만 아니었다. 통증도 견디기 어려웠고, 열까지 났다. 엄마가 탱자나무 가시로 종기를 터트린 후 아까징끼(머큐로크롬을 우리는 그렇게 불렀다.)를 발라 주었다. 그리고 자고 나면 그 종기가 얌전해져 있었다.

요즘은 자주 씻고 녹슨 못 같은 것으로 놀지도 않고 백신도 있어서 종기를 앓는 아이들이 많이 줄었지만, 대신 마음의 종기를 앓는 사람들이 늘어났다. 아이나 어른이나 터트려야 할 마음의 종기들이 있는 것이다. 그 종기를 아예 뿌리째 뽑는 것이 감정의 암을 제거하는 일일 것이다.

평론가 고미숙 씨가 쓴 칼럼 "상처도 스펙이다"(《동아일보》 2012년 6월 28일자)를 보면 공감 가는 이야기가 있다.

> 어떤 비극도 시간이 지나면 전후좌우 맥락이 파악되는 법이다. 그걸 깨달으면서 어른이 되어 가는 것 아닌가. 만약 그렇지 않다면 그건 내가 그 기억을 계속 '동일한' 방식으로 곱씹고 있다는 뜻이다. 그러면 이미 그 기억은 원래의 사건과는 무관한 나만의 '자의식'이 된다. 자의식이 공고해질수록 외부와의 소통은 불가능해진다. 그래서 아주 역설적이게도 소위 상처 받은 이들일수록 그걸 빌미로 타인에게 마구 상처를 입히기도 한다. 그 대상 또한 엄마인 경우가 많다. 원인 제공도 엄마요, 한풀이 대상도 엄마인 것. 뭔가 좀 이상하지 않은가. 모성이 무슨 동네북도 아니고, 이렇게 툭하면 호출 대상이 되다니 말이다.

나는 이 말이 마음에 쏙 든다. 엄마와 딸 사이의 상처 주기에 대해 어느 누구보다 정확하고 예리하게 말하고 있다.

나의 경우도 그랬다. 옛날의 상처를 붙들고 동일한 방식으로 곱씹다 보면 원래의 문제에서 많이 멀어져 '내 방식'으로 정지되어 더 이상 남을 이해하기 어려워졌다.

"네가 그럴 수가…… 그건 있을 수 없는 일이야. 내가 너한테 어떻게 했는데……."

이렇게 생각하다가 내 마음속에 갇혀 밖으로 나가지 못하고 문제를 키우는 경우가 많았다. 그래서 더욱 남들과 소통이 어려워지고, 사람을 잃는 경우도 없지 않았다.

고미숙 씨의 말처럼 상처 받은 사람이 "나도 그랬다." 식으로 타인에게 상처를 더 입히는 것은 우리 주변에서 자주 보는 일이다. 더욱이 그 대상이 엄마인 경우가 많다는 데 나는 무릎을 쳤다.

나는 내 방식을 만들어 놓고 내 딸들이 그 방식 안에서 자라기를 원했으며, 거기서 벗어나면 나쁜 아이라고 말하는 데 주저하지 않았던 것을 가슴 아프게 반성한다.

그렇다. 나는 아주 이기적인 엄마였고 내 딸들은 지나치게 불편하게 살아왔다는 생각이 든다. 그런 불편을 나는 '사랑'이라는 말로 변명하지 않겠다.

내 이루지 못한 꿈을 딸들에게 밀어붙인 것이 확실하다. 꿈이 부채도 아닌데 딸들에게 갚으라고, 꼭 갚아 달라고 우악스럽게 공격적으로 말했는지 모른다.

상처도 시대를 타는가. 내가 어렸을 땐 엄마가 그 어떤 욕을 해도 해해거렸다. 조금 울고 나면 밥 먹고 또 엄마 치맛자락을 붙들고 뭐 얻어먹을 게 없나 하다가 엄마가 소리를 지르면 달아나면 그뿐이었다. 놀고 붙들고 있을 상처 따윈 없었다.

그런데 요즘에는 왜 이리도 엄마가 주는 상처가 많은 것일까. 왜 아주 작은 상처임에도 잘 잊히지 않을까. 상처가 아무리 작아도 꼭 붙들고 놓지 않는다. 내가 받은 상처를 생각해 보면 화해하지 않는 것이 상처를 키우는 것 같다.

내게도 어린 날의 상처가 없는 것은 아니다. 깊은 상처가 있었다. 장남인 아버지에게는 아들이 필요했는데도 엄마는 딸 여섯을 줄줄이 낳았다. 내 뒤에 아들을 얻었는데, 그 아들은 엄마의 생명이요 구원이었던 셈이다.

엄마는 아들에게 모든 것을 주었다. 내가 열 살 때 동생은 여섯 살이었는데, 한국전쟁이 끝나고 먹을 게 별로 없던 시절에 엄마는 그 아들에게 불고기를 석쇠에 구워 주었다. 불판 옆에 아들을 세워 두고 한 점씩 입에 쏙쏙 넣어 주던 엄마가 생생하다. 냄새는 오죽 많이 나던가. 나는 엄마 옆에 한번 용기를 내어 갔지만 "저리 가 있거라." 하며 본 척도 안 했다. 나는 울며불며 뒷골목을 돌다가 방에 들어가 잠이 들곤 했던 기억이 지금도 생생하다.

뿐인가. 수박을 두 덩이 사서 한 덩이는 쪼개어 식구들이 모두 한 쪽씩 나누어 먹는데, 아들에게만은 한 덩이를 통째로 주고 뚜껑만 열어 숟가락으로 퍼 먹게 했다. 죽어도 잊을 수 없을 것 같았다. 쪼잔하게 먹는 걸로 섭섭하게 하면 저승까지 간다는데 엄마는 꼭 먹는 걸로 아들딸을 차별했던 것이다. 정말 치사했다.

엄마가 미웠고 내 안에는 감정의 응어리가 남아 있었다. 그런데 내가 중학교 때 아버지와 엄마가 무슨 일인지 크게 싸웠고, 엄마 혼자 술을 마시며 넋두리를 하는 것을 들었다. 나는 엄마가 그간 딸들만 낳은 것 때문에 상상할 수 없는 고초를 겪었고 그것은 거의 죽음에 가까웠다는 사실을 알았다.

그리고 엄마는 언니 하나를 붙잡고 통곡을 하며 말했다.

"저거 저 애송이 아들 하나…… 저거 없으면 날 사람으로 취급도 안 하고 날 쫓아낼 사람들이다. 저거…… 저거 하나라도……."

엄마는 울고 또 울었다. 나는 그때 엄마가 내게 미안하다고 말하지 않았는데도 마음속 미움이 풀렸다. 오히려 엄마가 불쌍했다. 그 후 나는 엄마가 어떤 방식으로 아들을 사랑해도 개의치 않았다. 그것은 그야말로 엄마의 상처를 스스로 치유하는 일이었으므로.

우리 엄마는 너무 가엾고 불행했으므로, 미워할 수도 상처를 줄 수도 없었다. 오로지 마음만 아팠다. 어릴 적 내 마음의 종기는 엄마의 눈물에 씻겨 갔다. 그 후로는 엄마를 더 사랑하게 되었고, 애틋하고 미안한 생각만 들게 되었다.

  미움과 갈등과 불소통은 마음을 괴롭힌다. 제 속을 부글부글 끓이는 것은 몸도 마음도 불행하게 만든다. 도저히 해결할 방법이 없다면 조용히 명상으로 자신을 다스리는 연습이 누구에게나 필요하다.

상처 회복
탄력성을
키워라

상처도 화해도 시대적으로 진화한다. 특히 여성들에게 일어나는 감정 변화와 일상적 생활과 가족 공동체에서 일어나는 새로운 조건들이 있다.

지금은 개인이 중요해진 시대임에 틀림이 없다. 그것이 시대적 조건이다. 개인이 중요해진 이 상황은 여러 가지 갈등을 야기한다. 엄마와 딸도 여기 속한다.

세상에서 가장 분리가 어려운 관계가 바로 엄마와 딸이다. 그만큼 절친한 관계이다. 그런데 왜 분리의 미학을 말하는가. 너무 가까우면 잘 안 보이기 때문이다. 엄마도 딸도 서로 잘 안 보여서 상처를 키우는 일이 허다하다. 다음은 어떤 대학생이 쓴 글이다.

엄마와 딸의 관계는 복잡하다. 명확하게 정의 내릴 수가 없다. 엄마는 여실히 나를 보여 주는 불편한 거울이기도 하다. 괜찮아 보이기도 하고 영 아닐 때도 있다.

엄마는 나에게 정서적인 영향이 필요하다며 어릴 때는 제주도에서 키웠고, 공부를 해야 하는 중학교 때 서울로 올라왔다. 음식은 물론이고 학원 스케줄 등 모든 면에서 세심하게 나를 챙겼고 훌륭하게 키우려 애썼다.

그렇게 나는 대학을 갔고, 우리는 친구가 되었다. 모든 말을 다 했다. 엄마에 대해 모르는 것이 없다고 생각했다. 그런데 엄마가 우울증을 앓고 있다는 사실을 몰랐다. 다급하게 병원에 가고 법석을 떨면서 나는 무엇이 문제였을까 고민했다.

그토록 서로 모르는 것 없이 다정하게 극장도 가고 갤러리도 가고 오페라도 보러 다니며 많은 이야기를 했는데, 엄마는 그것마저 교육으로 했나 보다. 나는 엄마의 결핍에 대해 이해하려 하지 않았다. 엄마가 그동안 괴로웠다는 걸, 자신을 희생해 왔다는 걸, 가족을 위해서 자기 자신은 버려 왔다는 것을 몰랐다. 엄마도 외로움을 타는 여자였던 것이다.

엄마와 딸의 내면 소통은 완전하지 않은 것이다. 완벽한 소통은 인간에게 존재하지 않는 것인지도 모른다. 그렇다면 스스로 그 상황들을 극복하는 내적 힘이 중요하다고 할 수 있다.

상처를 극복하는 탄력성을 기르는 것이 중요하다. 서로 이해하고 노력하며, 부족한 부분은 채우려고 스스로 노력해야 한다. 그런 탄력성을 지니지 못하면 그만큼 뒤로 물러서게 되고, 괴롭고 외로워진다. 무엇이든 혼자 해결해야 하는 부분이 있는 것이다. 어쩌면 혼자 해결해야 하는 부분이 있기 때문에 우리가 신을 믿는지도 모른다.

이 글을 쓴 학생도 엄마의 희생이나 엄마의 아픔이나 엄마의 외로움에 대해서는 생각하지 않았다. 엄마는 늘 그렇게 사는 거라고, 그것이 엄마라고 생각하며, 그 사실에 대해 어떤 갈등이나 괴로움도 없었다. 엄마가 우울증에 걸리고 나서야, 늘 아무렇지도 않게 가족을 위해 살아온 엄마의 내면에는 무수한 상처가 있었다는 것을 알고 놀란다. 그리고 엄마도 여자였다는 사실을, 한 인간이었다는 사실을 깨닫게 된다.

글을 통해서 보면, 그 엄마와 학생은 서로 감정 소통도 잘되고 어느 모녀간보다 잘 지내는 친구 같은 관계였다. 그런데도 그 '잘 지내는 사이'에서조차 엄마의 마음속에는 매우 큰 틈이 있었고, 혼자 외로워하며 존재의 박탈감을 느꼈던 것이다.

어느 여성지의 특집을 보니 엄마와 딸의 소통에 관한 이야기들이 실렸는데, 부제가 '내 배로 낳은 평생 친구'라고 되어 있었다.

엄마와 딸이 친구라는 것에 대개는 동의한다. 이 세상에 엄마처럼 온전하게 딸을 위해 격려하는 대상은 없을 것이다. 엄마처럼 딸의 행복을, 딸의 기쁨을, 딸의 미래를 염려하면서 마음을 통하는 사이란 존재하지 않는다.

그 여성지 특집에는 모녀가 함께 등산하는 사진 하나가 실려 있었다. 엄마는 장애아 등하교를 도와주는 활동 보조사이고, 딸은 복지원에서 장애아들을 돌보고 있다. 이들에게도 애당초 갈등이 전혀 없었던 것은 아닐 것이다. 이 모녀는 등산으로 사랑도 쌓고 우정도 쌓는다. 큰 지도 하나를 벽에 걸어 놓고 둘이 올랐던 산에 동그라미를 그린다. 동그라미가 늘어날수록 그만큼 더 기쁘고 행복하다. 같이하는 운동이나 노래나 자전거 타기나, 뭐든 같이하는 기쁨이야말로 엄마와 딸 사이의 앙금을 녹이고 큰 덩어리로 자라난 상처까지도 극복할 수 있는 탄력성의 에너지를 확보하게 되는 것이리라.

엄마와 딸이 함께하는 놀이, 함께하는 배움, 함께하는 만들기는 그날을 기다리는 마음으로부터 갈등이 사라지게 될지 모른다. 건강한 친구, 동행이 아닌가.

여자 엄마,
남자 엄마

 내가 대학을 다닐 때는 '여성 작가', '여성 파일럿' 등 '여성'이라는 단어보다는 '여류'라는 말을 많이 사용하였다. '여류 시인', '여류 음악가'라고 불렀다. '류' 자가 좋은 뜻으로 쓰인 것만은 아닌 것 같다. 집에서 살림이나 해야 할 여자가 밖에서 무엇인가 한답시고 나돌아 다닌다는 의미에서 '흐를 류(流)'로 약간의 비꼼이 있지 않았나 싶다.

 또한 외할아버지, 외할머니 등에서도 여성 비하 의식이 감지되기도 한다. 친할아버지와 친할머니는 그냥 할아버지, 할머니로 부르는데 외갓집 즉 엄마 친정의 가족에는 반드시 '바깥 외(外)' 자가 붙었다. 남성 중심이었던 시대에 친혈통이 아닌 며느리 가족에 '외' 자를 붙임으로써 남자 혈통에서 제외

시키며 영원히 한 가족은 되지 못하는 외집단으로 분리한 것이다.

요즘은 외할아버지라고 부르는 아이가 많이 줄었다. 압구정 할아버지, 신길동 할머니 식으로 사는 동네를 붙여 부르는 아이가 많아졌다. 아마도 엄마가 그렇게 부르니까 아이들도 그렇게 부르는지 모른다. 이런 호칭에서도 여성 시대의 변모가 엿보인다.

그건 그렇다 하더라도 '여류'가 '여성'으로 변모한 이 시대에 더 이상 '여성 엄마'라는 말도 사라질 것 같다. 동성연애가 빈번한 요즘 시대에 '남성 엄마'가 존재하기도 하니까 말이다. 그러나 지금 하려는 이야기는 그 방향이 아니다.

내 지인의 딸 이야기다. 그녀의 아이는 그녀에게 "엄마는 남자 엄마야."라고 말하며, 남편은 "남자 여보."라고 부른다는 것이다. 듣기로는 대단히 분위기 좋은 가정일 것 같다.

우선 목소리가 크고, 모든 일을 엄마가 결정하고, 동네에서 이것저것 얻어 오는 것도 많고, 무거운 물건도 엄마가 다 들고, 돈도 엄마가 주고, 밥도 엄마가 주고, 빨래도 엄마가 하고, 집 안에 무서운 벌레가 들어와도 엄마가 다 잡고, 아이들은 실직까지 한 아빠가 하는 일이 무엇인지 잘 모른다는 것이다.

우리는 크게 웃었다. 요즘은 그런 '남자 엄마'가 대세지 뭐…… 했지만 이것은 엄마들이 직면한 새로운 상황이다.

이 '남자 엄마'에게는 딸이 하나 있다. 그녀는 이 고등학생 딸에게 엄마처럼 살면 안 된다고 누누이 말한다는 것이다.

"너는 '여자 엄마'가 되어야 해."

자신을 닮지 말라는 것이다. 왜일까? 하고 싶은 대로 하는 것처럼 보이고 뭐든 척척 신바람 나게 사는 것 같고, 고민이라는 것은 아예 없는 것처럼 보이는 남자 엄마. 하지만 나이 들면서 점점 무력해지는 남편을 욕하기도 하고 감싸 안기도 하면서 남자 엄마는 내내 속을 끓였나 보다. 그래서 사랑하는 딸에게는 남자가 모든 걸 척척 해 주는 여자 엄마가 되라고 했던 것일까.

엄마 입장에서는 그럴 것이다. 남편을 마음대로 휘두르는 것 같은 엄마는 사실 늘 마음 편한 것만은 아니었을 것이다. 모든 일을 도맡아 하고 마음대로 큰소리치며 남편을 부리는 것 같은 모습을 딸에게 전수하고 싶지는 않을 것이다.

아무리 세상이 달라져 혁신이니 뭐니 하지만 엄마는 딸이 남자에게 사랑받고 부부가 서로서로 도우며 나누어 일하는 관계의 아름다운 여유를 딸에게 주고 싶었을 것이다. 진정으로 엄마가 딸에게 바라는 것은 서로 함께 도우며 조금 자신을 내리고 상대를 배려하는 삶, 그것이 바로 엄마가 딸에게 바라는 삶이 아닐까.

"나처럼 살면 안 돼!"

"엄마는 그렇게 살면서 왜 나만?"

이것처럼 엄마 마음을 아프게 하는 말이 없다. 엄마라는 존재는 다 같이 생각하는 것이 있다. 내가 좀 어렵더라도 내가 좀 견디더라도 딸에게는 더 좋은 것을, 엄마가 줄 수 있는 것이라면 무엇이든 주고 싶어 하는 것이다. 그런 말에는 엄마를 끌고 가지 마라. 그저 감사하게 받아라. 엄마 대신 딸이 잘 살아 달라는 것도 아니다. 그런 대리 행복을 부탁하는 것도 아니다. 다만 좋은 것을 주고 싶어 하는 엄마의 마음이라는 것이다. 어떤 경우에도 사랑받고 기쁘고 행복하게 살아 달라는 엄마의 기도 같은 것이다.

어쩌면 이 시대가 엄마들을 남성적으로 몰아가고 있는지도 모른다. 엄마의 능력을 신의 능력까지 끌어올리지 않으면 자식 하나도 제대로 키울 수 없는 것이 요즘 세태다.

엄마를 드세다고 말하지 마라. 고등학교에 다니는 딸을 둔 엄마는 전쟁 중이다. 정보는 아리송하고 대처 능력은 늘 안절부절이고, 그만큼 엄마는 자신의 능력을 탓하기도 한다. 그렇다. 불안불안하다.

속이 터져 죽을 것 같은 일이 매일 매 순간 일어나는데 그것을 해결해 주는 사람 없이 내팽개쳐져 있고 남편은 묵묵부답이라면, 여자는 그런 순간에도 교양 찾으며 낮은 목소리로 조용히 속삭이듯 말하겠는가.

그렇다면 과연 정보를 찾기 위해 매일 꼼꼼히 신문을 뒤적이고 뉴스를 듣고 딸의 진로 문제라면 하루아침에 산을 열 개라도 넘을 것 같은 교육열을 가진 엄마…… 그런 엄마가 새 시대적인 엄마일까?

하지만 딸에게도 너무 피곤한 엄마는 자격 상실 아닐까. 자신의 꿈을 딸에게 적용해 그것에 실패하면 인생을 실패한 것처럼 생각하는 엄마라면 그것이야말로 자격 상실이다.

"엄마가 무섭다."라고 말하는 학생을 만난 적이 있다. 고등학교 2학년 학생이었다.

이 학생의 엄마는 그야말로 '남자 엄마'다. 아빠는 직장이 있지만 집안일이나 자녀 문제에는 소극적이고 무슨 일이건 엄마에게 맡기는 남편이다. 이 엄마는 언제나 "속이 터진다."라는 말을 입에 달고 산다.

딸들이 웬만큼은 사회 적응을 해서 자기 역할을 할 수 있기를 애타게 바란다. 그러려면 저렇게 놀고 게임이나 하고 늘어지게 잠만 자서 될 일인가. 엄마는 집구석 어딜 봐도 속만 터진다. 딸에게 한마디 던지지도 못하고 뒤꽁무니를 빼는 남편도 그렇고 좀 해 보자는 의지도 도전력도 없이 하루하루 보내는 딸을 보면 앞이 캄캄하다.

그래서 엄마는 더 강해진다. 아무것도 포기할 수 없다. 다만 자신의 꿈이 흐려질 뿐이다. 딸은 그런 엄마가 무섭다. 앞날이 불투명하고 혼란스럽고 경쟁이 치열한 사회 속에서 자신의 피붙이가 어정어정 기 못 펴고 살 것을 생각하면 발바닥이 저린데 아무도 그것을 염려하는 가족이 없다.

그래서 엄마는 더 강해진다. 왜 이것을 사랑으로 봐 주지 않는 것일까. 왜 이것을 희생이라고 봐 주지 않는 것일까. 세상이 야속하기만 하다. 엄마는 사랑으로, 딸이 잘되기를 바라는 그 마음 하나로 오늘 아침에도 소리를 지르고 악을 쓴다.

엄마가 희망을 놓으면 다 놓는다. 가족의 힘은 엄마의 으악 하는 소리에 기합이 들어가는 것이다.

가장 아름답고 든든한 엄마의 모델은 없다. 자기 식이 최고다. 집안 분위기, 자녀의 성격, 건강 등을 생각해서 모든 걸 맞춰 가장 합리적인 디자인을 하는 것이 엄마다.

조금 뒤떨어지면 어떤가. "너에겐 가족이 있다."라고 자신감을 불러일으키며 가족이 함께 있다는 정서적 위안을 주는 것이 중요하다. 그런 바탕 위에 희망을 푸르게 바라볼 수 있을 것이다.

변화가
아닌
진화로

 엄마와 딸, 딸과 엄마. 이 관계의 사이가 곧 세상의 넓이가 된다. 이 넓이 안에서 엄마와 딸은 세상의 길이를 재고 사랑의 거리를 재고 행복과 불행의 관계를 평가한다.

 엄마와 딸의 학습으로 서서히 여자가 되어 가는 것이다. 이 관계는 서로 근본적으로 사랑하는 사이지만 엄마와 딸의 사랑은 산소 같은 것이어서 사랑을 감지하지 않고 그 사랑 안에서 없는 것 같은 사랑으로 살아가는 것이다.

 그러나 엄마와 딸 사이에 어떤 급격한 변화, 즉 병이 났다거나 대학에 떨어졌다거나 큰 불행에 놓였다거나 할 때 두 사람의 관계는 한꺼번에 모든 잠재된 사랑까지 폭발적으로 나타나 죽을 각오처럼 울면서 사랑을 나타낸다.

그러다가 문제가 해결되고 평온을 찾게 되면 다시 과묵해지고 사랑은 잠적한다.

그래서 사랑은 느껴지지 않는다. 산소를 마시며 산소를 느끼지 못하는 것처럼, 엄마와 딸은 서로 사랑하면서, 불변의 사랑을 하면서, 그 사랑 안에서 싸우고 울고 섭섭해하고 나쁜 소리만 하고, 그 안에서 서로의 소망을 빌고 순간마다 현상마다 새로운 사랑이 태어나고 미워하기도 하는 것이다.

그러나 엄마와 딸 사이에 '사랑'은 늘 마음 안에 숨어 있다. 사랑이 넘치지만 그 사랑의 표현에 너무 인색하고 오히려 사랑을 변질시켜 화로 미움으로 표현하는 경우도 있다.

남녀의 사랑보다 엄마와 딸의 사랑이 훨씬 클 것이지만, 훨씬 영원할 것이지만, 그 사랑은 늘 마음 안에서 슬프게 입을 다물고 있다.

우리나라의 엄마와 딸도 "엄마, 사랑해." "딸아, 사랑해." 이렇게 화기애애하게 사랑할 수는 없을까. 순전히 성격 탓인지 버릇 탓인지, 사랑하고 있는 것을 서로 잘 아니까 말 안 해도 된다고 생각하는 것일까.

우리나라 여성들이 남성 세계의 유리 벽을 뚫고 사회 안에서 여성의 자리를 굳혀 엄청난 능력을 발휘하며 문제 해결에 앞장서지만, 이상하다. 그런 능력의 소유자인 여성이 엄마로서 딸로서는 화해의 벽을 넘지 못하고, 사랑 표현에 능숙한 여성이 드문 것이 사실이다.

엄마와 딸은 자주 말한다.

"우리 엄마는 안 변해."

"우리 딸은 안 변해."

그러나 생각해 보라. 엄마와 딸은 서로 많이 변했다. 그런데 바라는 소망의 양이 자꾸만 불어나서 변하지 않는 것처럼 보이는지 모른다.

엄마는 늘 그렇게, 딸도 늘 그저 그래…… 그렇다면 엄마에게 톡 쏘아붙이는 거 하며, 엄마는 제발 이러지 마! 라고 큰 소리를 내는 거 하며, 외출할 때 묻는 말에 대답도 안 하고 문을 쾅 닫고 나가는 거 하며, 엄마는 서럽다고 말하지만…… 엄마도 다르지 않다.

"너 하는 꼴 하고는……."

"너 같은 딸은 없어도 돼!"

"다른 딸들도 너만큼은 하거든!"

"너는 도대체 답이 없는 딸이다."

이렇게 서로 앙앙거린다. 그렇게 하는 말끝에는 늘 눈물이 묻어 있다.

엄마와 딸 사이는 지금도 고전적이며 원시적이다. 근본적인 문제를 가지고 싸운다. 알아주지 않는다고 앙탈을 한다. 엄마와 딸은 왜 이렇게 진화하지 못하는 것일까.

엄마와 딸의 사랑은 끈적끈적해서 잘 떨어지지 못하고 서로를 '나'라고 착각해서 감정 분리가 어려운 관계이기 때문이다.

 엄마와 딸은 변화하지 않는다. 엄마와 딸은 진화해야 한다. 조금 더 다르게, 조금 더 가볍게, 조금 더 감정 차원을 넘어서……

엄마의 한을
딸에게
풀지 마라

　엄마와 딸은 같은 역사를 이룬다. 나는 언제나 딸들 앞에서 스스로 화제를 밝은 쪽으로 돌리려고 애쓴다. 하지만 그러지 않으려고 해도 때론 "옛날 그때 말이야, 정말 그때는 죽고 싶었어……." 같은 말이 튀어 나온다. 움찔하고 자세를 고치지만 어느 틈 사이로 그런 말을 흘리게 되는 것이다.

　내 딸들은 말을 받지 않는다. 그 말을 다시 해서 뭘 해 하는 눈치다. 나는 감정이 북받칠 때 나를 견제하지 못한다. 그것은 내 이기심 때문이다.

　과거로 돌아가 내가 힘들었을 때의 그 시절 그 시간들은 내 딸들에게도 힘든 시간이었고, 내 딸들도 확 집을 나가 버려! 하고 벼렸던 시간들이었는지 모른다. 그런 말은 꺼내는 게 아니다. 내가 죽을 뻔한 시간은 내 가족 모두가 죽을 뻔한 시간이었기 때문이다.

나만 힘든 것은 가족 안에서 아무것도 없다. 나만 행복하고 다른 가족이 다 불행했거나 나만 불행하고 다른 가족이 다 행복한 시간은 모든 가족의 역사에 한순간도 없을 것이다. 그렇다면 가족이 아니다.

가족이기에, 사랑하는 딸들이기에, 내 아이들의 어린 시절을 꺼내어 그 아이들에게 다시 상처를 줄 필요는 전혀 없는 것이다.

"그때 엄마는……."

그것은 나만 아는 이기심 외에 아무것도 아니다.

내 엄마는 그야말로 풀 곳이라고는 딸밖에 없었다. 또 딸들이 다 나이를 먹었고 같은 여자로서의 동행이 확실했으므로 엄마는 우리 딸들 앞에서 걸핏하면 "아이고 내 팔자야." 타령을 했다.

"이 에미 한을 니가 알기나 해?"

내가 알 것이 아니었다. 그것은 엄마가 알아서 풀거나 내다 버리거나 극복해야 할 문제였다. 나는 엄마에게 지독하게 냉담했는데 그걸 엄마는 너무너무 야속하게 생각했다.

"저년하고 말을 하면 내가……."

엄마가 불행할 때 나도 한 공간에 있었다. 그러면 나도 행복했겠는가. 그런 것을, 어른들의 일을 왜 저렇게 쏟아 놓는지 알 수가 없었다.

"그래, 내가 불행해서 너희들에게 미안하다. 이런 분위기를 만들어서, 너희들 기분을 상하게 해서 미안하다."

그렇게 말하는 게 옳다. 그런데 대개는 알아주지 않는 가족들…… 특히 딸들에게 한을 강물처럼 쏟아 놓는다. 나는 그런 엄마가 싫었다.

그런데 나도 가끔은, (내 딸들은 나보다는 훨씬 훌륭하지만) 엄마를 알아주지 않는다는 터무니없는 서운함을 느끼고 말하려고 한다. 아니, 쏟아 놓을 때가 있다. 도무지 책임을 어디에다 부려 놓는지, 생각하면 참 무지한 일이다.

내가 집 안 구석에 숨어서 울 때 내 딸들도 소리 죽여 울었을지 모른다. 그런데 겁 없이 그 과거를 내 한으로 딸들 앞에 풀어내려는 것은 얼마나 어리석은 일인가.

혈육, 아프고 눈물겹다.

자신의 한을 딸들에게 풀지 마라. 이것은 딸들에게 이자를 붙이는 괴로움이다. 딸들은 엄마와 같이 어려웠는데, 그런 실망과 좌절을 한꺼번에 경험했는데, 엄마의 한의 추억담을 일생 내내 들어야 한다는 것은 부당하다.

엄마의 자질 중에 가장 중요한 것은 인내다. 자신의 한도 인내하라. 오히려 엄마는 딸들에게 누구나 겪을 수 있는 일을 우리도 경험했다고 과거의 아픔과 불행을 긍정적으로 말할 줄 알아야 한다. 그런 어려움을 알기 때문에 우리가 서로를 더 잘 이해할 수 있는 거라고 말할 줄 알아야 한다. 눈물의 추억담을 경쾌하게 승화시킬 줄 알아야 좋은 엄마가 된다. 그래서 더 견고한 가족이 되었다고, 그래서 더 단단한 극복 능력을 가졌다고, 더러는 그것이 고통일지라도 그 시절 함께했다는 눈부신 가족애를 이해하게 하는 것이다.

그렇다. 한을 한으로 풀지 않고 한을 가족 역사로 풀거나 한을 가족이 함께 나눈 경험적 승리였다고 풀면 어느 교과서보다 교육적으로도 본보기가 되지 않겠는가.

그리고 중요한 것은 그때 그 시절의 세월은 지나갔다는 것이다. 지금이 중요하지 않은가. 그럼에도 불구하고 각자 자기 삶을 성실하게 살아가고 있는 딸들에게 고맙다고, 정말 고맙다고 말하는 것이 엄마다.

폭력의 대화,
비폭력의 대화

　엄마는 딸을 사랑한다. 딸은 엄마를 사랑한다. 그렇다. 서로 사랑하는 것은 의심할 수 없는 사실이다. 그러나 그 사랑 표현을 우리는 어떻게 하고 살았는가.

　그 사랑 방법에 얼마나 미숙하고 무지했는지 우리들의 말, 즉 대화를 비디오로 찍어서 살펴보면 놀랍게도, 너무나 놀랍게도 엄마와 딸은 무지막지한 폭력의 대화를 하고 있는 것을 알 수 있다.

　사랑한다는 구실로, 너는 내 딸이라는 이유로, 내 엄마라는 이유로, 서로 기막힌 사랑으로 이어진 관계 속에서 엄마는 딸에게, 딸은 엄마에게, 잘 살게 하기 위해, 성공시키기 위해, 다른 모든 사람에게도 사랑을 받게 하기 위해, 모든 희망과 평화를 위해 던지는 대화는 놀랍도록 폭력적이고, 그 말들은 두 사람 모두에게 다 상처를 준다.

가장 가까운 사람과의 대화 속에서 폭력은 쉽게 발견되는데 그 폭력적 대화는 결국 무거운 우울증을 불러오게 되고 삶 자체를 증오의 심정으로 반격하며 살게 되는 경우가 많다.

미국의 마셜 로젠버그 박사는 '비폭력 대화'라는 대안적 삶을 처음으로 제시한 사람인데, 나는 이 비폭력적인 대화에 상당한 매력을 느꼈다.

나만 해도 그렇다. 딸에게 사랑을 앞세워 엄청난 폭력의 말을 쏟아부었다.

"너는 늘 왜 그래?"

왜 나는 말 속에 '늘' 자를 넣었는지 모른다. 그것은 내 언어적 습관일 수 있는데 듣는 딸에게 이 말은 깊은 상처가 된다. '늘'이란 단 한 번도 잘한 일이 없다는 말이다. 한 가지를 잘못하면 우리는 습관적으로 '늘'이란 말을 쉽게 사용한다.

우리들이 대화 속에서 상처 받는 것을 일일이 따질 수 없다. 그러다간 매일 매 순간 싸워야 하므로 대충 넘어가는 상처가 더 많다. 더 많기 때문에 상처가 습관화되고 마음에는 냉혹한 늪이 생기고 서로 감정적 배반이 쌓이고, 더러 웃으며 만날지라도 오뉴월에도 녹지 않는 얼음덩어리가 엄마와 딸 사이에 존재하는 것이다.

엄마와 딸이라도 그냥 넘어가면 안 된다. 아니, 엄마와 딸이므로 그냥 넘어갈 수 없는 것이다. 그렇게 넘어가는 시대가 있었다. 내가 어릴 적엔 "이 웬수, 확 나가 죽어라." 하는 엄마들이 많았다. 그냥 넘겼다. 그러나 다수의 가족사에서 그냥 넘어갈 수 있는 것이 개인화되고 개인감정이 중요한 문제로 대두되기 시작하면서 엄마가 딸에게 하는 한마디가 딸의 미래에까지 금을 긋고 마는 경우가 있는 것이다. 비폭력 대화가 필요한 것은 바로 이 때문이다. 우리가 모르고 저지르는 폭력이 너무 비일비재하므로 그것이 우리의 행복을 무너뜨리고 개인의 일상을 마비시킨다.

어디 엄마와 딸만 그렇겠는가. 대통령과 국민, 스승과 제자, 법과 죄인, 아버지와 아들에게도 있을 것이다.

"야 이 새끼야! 너 인간 되려면 멀었다. 여러 사람에게 폐만 끼치는 인간밖에 더 되겠어!"

그러나 이런 말을 아버지가 아들에게 했다 해도 엄마와 딸 사이처럼 예민하지 않다. 유독 빈번히 아주 자연스럽게 일어나는 폭력적 대화는 엄마와 딸 사이에 제일 많다.

앞에서도 여러 번 얘기했지만, 엄마와 딸은 서로 상대를 자기 자신으로 보기 때문에 어떤 실수, 마음에 들지 않는 모양새를 참지 못하고 쏘아붙이는 것이다. 경멸스럽게 말하기도 하고 도무지 회복될 기미가 보이지 않는 절망적인 말도 서슴

없이 내뱉는다. 그리고 울고, 마음 아파하고, 자기혐오에 빠져 괴로워한다. 그러면서도 내가 잘못했다는 생각보다는 서로 상대가 잘못해서 생긴 일이라고 단정한다.

우리의 지난 교육은 '남의 탓'으로 돌리는 경우가 많았다. 많은 엄마들이 그랬다. 가령 아이가 책상다리에 걸려 넘어지면, 그런 순간 재빠르게 엄마는 아이를 안고 책상다리를 두들기며 "때찌 때찌! 왜 우리 예쁜이를 넘어지게 했니!" 하면서 책상다리를 나무라고 때려 주면서 우는 아이를 달랬다. 그러면 아이는 자기 잘못이 아니라는 것으로 안정을 되찾고 울음을 그치곤 했다.

아무리 아기라도 "조심했어야지, 다음에는 조심하자."라고 말하는 엄마는 드물다. 거리에서 넘어져도 땅을 치면서 땅이 잘못했다고 하고, 사람과 부딪쳐 넘어지면 그것도 영락없이 그 사람이 잘못이었던 것이다.

심지어 그냥 혼자 아이가 울었는데도 괜히 지나가는 아저씨 어깨를 엄마가 때리면서 "아저씨 나빠, 아저씨 미워." 하면서 엉뚱한 사람에게 잘못을 뒤집어씌우는 경우도 있었다. 아이 울음을 그치게 하는 방편이었을지는 몰라도, 이유 없이 남에게 잘못을 덮어씌우는 것을 아이는 알고 있을지 모른다.

이것이야말로 폭력적인 행동이고 폭력적인 교육이었을 것이다. 스스로 잘못을 가리는 습관을 만들어 주지 못한 것은 엄마였는지 모른다. 그래서 엄마는 딸이 엄마 잘못이라고 대들어도 할 말이 없게 된다. 서운하고 속상하고 눈물이 나고 가슴이 터진다고 하면 뭐하나? 남의 탓으로 돌리는 것을 엄마가 다 가르쳤는데 말이다.

그런 '남의 탓' 심리로 인해 서로 섭섭한 마음이 커지면서 폭력적 대화는 자연스럽게 두 사람 사이에 물결치는 것이다.

'고맙다'는 마음도 엄마가 가르쳐야 하는 것이다. 식당에서 맛있는 밥을 사 먹을 때도, 예쁜 옷을 사 입을 때도, 깨끗한 거리를 지날 때도, 고맙게 생각하는 마음을 가지게 해야 하는 것이다. 우리나라를 사랑하는 애국심도 엄마가 얼마나 가르쳤는지 생각해 보게 된다. '감사하다'는 생각, 기본적인 인사도 못하는 아이들을 생각해 보라. 진정으로 엄마가 가르쳐야 할 기본 교육은 영어나 수학이 아닐 것이다.

'인사성 밝은 아이'는 대한민국의 미래를 밝게 한다. '밝다'라는 것은 밝게 이끌어 가는 힘을 말하는 것이다. 그 감사는 결국 부모에게로 돌아온다.

서운하다고 생각하는 것, 남을 탓하며 화내는 것, 모두 다 엄마가 가르친 것이다. 처음에는 아이 속에 있었던 감사의 마음을 어쩌면 엄마가 지워 버렸는지 모른다. 엄마 식으로 이끌었기 때문은 아닐까?

지독한 반성을 하게 된다. 남의 탓으로 돌리고 자기는 잘못이 없다고 한 교육의 그림자를 엄마가 받게 되는 순리는 폭력적 대화로 폭력적 언어로 폭력적 감정으로 이어졌을 것이다.

이젠 비폭력이라는 새로운 이미지로 가정 안에 부부간에 부자간에 부녀간에 엄마와 딸 사이에 대화를 이루며 화해와 즐거운 생의 꽃을 피워 가야 할 것이다. 믿음이 살아 있는 마음으로 거듭나야 할 것이다. 이런 믿음이 없다면 마음 안의 사랑도 빛을 만들지 못하고 의심과 증오와 불신이 서로의 관계를 파괴할 것이 분명하기 때문이다.

단순히 낳기만 한 생리적 엄마가 아니라 질 좋은 교육과 사랑을 준 엄마가 되기 위하여 여자들은 진정한 사랑을 배워야 할 것이다. 그렇지 않은가, 사랑처럼 어려운 공부가 어디 있겠는가.

그래서 엄마는 위대하다고 하지 않겠는가. 엄마라는 이름은 거저 얻는 게 아니다. 나는 생리적 엄마, 그것을 너무 과중하게 생각하면서 괴로워하면서 생색을 내면서 아이들을 키웠는지 모른다.

비폭력 대화는 인간의 기본적인 존중감을 유지하면서 새로운 삶의 기쁨을 만들어 가는 것이다. 그 안에서 사랑이 밝고 맑게 자리하고 있을 것이다.

가장 아팠던
순간을
이야기해 보자

여섯 명의 엄마들이 모여 있었다. 딸들은 거의 대학을 졸업하고 결혼했거나 유학을 하고 있거나 하는 정도였다.

서로 가장 아팠던 순간들을 이야기해 보자고 했다. 누가 먼저 꺼냈는지 알 수 없지만 모두 동의했다.

더러 남편 이야기, 시어머니 이야기, 시누이 이야기, 친구 이야기, 연애 시절 배반까지 서로 이야기를 하기 시작했는데, 결국 가장 아팠던 기억은 딸과의 문제였다고 결론을 내렸다.

다시 그들은 가장 사랑하는 사람을 말했는데, 물론 여섯 명 모두가 딸이라고 대답했다.

가장 사랑하는 사람이 딸인데 가장 아팠던 기억도 딸이었다는 사실이 다시 한 번 우리를 아프게 한다.

그러니까 가장 사랑하는 사람에게 가장 아픔을 느끼는 것이라고 말할 수 있겠다. 그렇다. 그것은 누가 들어도 고개를 끄덕일 수 있다.

사랑하지 않으면 어찌 아플 수 있겠는가. 사랑은 아픔, 아픔은 사랑이라는 등식도 흔한 말이다. 그러면 왜, 어떤 상황에서 딸이 가장 아팠던 순간이 되어 버렸을까.

이야기는 다시 계속되었다. 여섯 명 중 네 명은 딸과의 의견 불일치로 만들어진 상처였다. 그러면 소리 내어 싸웠는가. 아니다. 네 명의 딸들 모두 문을 쾅 닫으며 "엄마하고는 말 안 해!" 하면서 엄마와 상대조차 하지 않았다고 한다.

한 엄마는 말했다. 가장 두렵고 절망적일 때 딸이 문을 쾅 닫는 소리에 심장이 쿵 떨어진다는 것이다.

"쾅! 하는 문 닫는 소리에 호흡곤란이 일어나요. 그러면 아무 일도 못하겠어요. 그때 딸의 표정을 생각하면 울음이 북받치곤 해요."

그렇다면 왜 딸은 이렇게 싸움조차 하지 않고 문을 닫았을까. 문을 닫는 것은 마음을 굳게 닫는 것과 같은 것이다.

닫고 싶어서 닫은 것은 아니다. 그 닫는 마음을 되돌려 보라. 딸에게 이미 엄마가 건네준 마음의 상처가 웅크리고 있기 때문일 것이다.

딸이 먼저인지 엄마가 먼저인지는 불확실하다. 그러나 딸의 교육 문제나 장래 문제에서 엄마는 딸의 열등감에 비수를 대었을 가능성이 있다.

그러면 그 여섯 명의 딸들이 가장 아팠던 순간을 이야기하면 어떤 결과가 나올까. 이것은 순전히 상상이지만 연애에서 당한 배신감이나 상처보다 엄마가 준 상처에 손을 드는 딸이 훨씬 많을 것이다.

엄마는 딸의 인생에서도 엄마가 되고자 한다. 딸은 철부지라 모르니까, 어리석어서 속으니까, 착해서 모든 사람에게 이용만 당할 것 같으니까, 딸의 마음 한구석에서조차 엄마가 존재해야 한다고 생각하는 것이다.

엄마가 되면 그렇다. 그것이 자연스럽게 흘러가는 엄마의 마음이므로 엄마는 딸의 작은 부분에도 관여하려 든다. 말도 그렇게 한다. 이래야 해, 저래야 해, 너는 아무것도 몰라……. 그러다가 엄마가 생각하는 모델에서 조금이라도 어긋나면 "너는 엄마 말을 뭘로 알아!"로 시작해서 딸의 약점을 기필코 끌어내고 만다.

딸이 엄마가 이모하고 이야기하는 것을 우연히 듣게 된다.

"걔는 나 속 터지게 하려고 태어났나 봐. 지금 나가기는 나갔는데 제대로 할지 몰라. 잘하겠어? 뻔하지 뭐, 뻔해."

이런 말을 들은 딸은 오히려 조금 더 못하려고, 더 못해져서 엄마의 기대에 딱 맞게 하려고 할 것이다.

"요즘 달라, 잘해. 지금 한다고 나갔는데 생각보다 잘할걸. 말은 그래도 잘하는 애야."

딸에 대한 엄마의 믿음에 확신이 있다면 딸은 생각의 방향에 변화가 올 수도 있을 것이다. 엄마가 자신을 믿고 있다는……

사랑은 늘 이렇게 예민하다. 작은 의심이나 불신도 큰 응어리를 만들고 상처를 키운다.

딸도 뭔가 제대로 안 되는 게 있다. 사는 게 재미없고 절망적일 때도 많다. 젊음이란 얼마나 상처투성이인가. 그런데 그럴 때 엄마는 뭔가를 더 요구하고 속내를 멋대로 상상하고서는 마음에 상처를 주는 것이다.

"엄마는 싫어."

이런 말을 하게 되는 것이다.

"정말 딱 싫어!"

이런 말을 하게 되는 것이다.

사랑하는 데도 방법이 필요하다는 것을 이런 대목에서 알게 된다. 분명히 엄마와 딸은 사랑하는 것은 확실한데 왜 이렇게 어긋나는가. 왜 상처 운운하는가.

우리는 모두 사랑하는 데 열등생들이다. 문제는 바로 서로 사랑할 줄을 모르는 데 있다. 자기도 모르게 사랑에 '나'를 먼저 두는 습관 때문일 것이다.

사랑이란 가장 먼저 '너'를 두는 것이다. 그런데 '너'는 따라

오라고만 하고 '나'만 생각하고 나만 만족하는 사랑으로 가려니까 문제가 생기는 것이다.

  사랑하는 사람이 어려울 때 나는 어떤 표정, 어떤 말투, 어떤 목소리로 응원하는지는 모르면서 "네가 나에게 어떻게 그럴 수가."라는 함정에 빠져 상처 받게 되는 것이다. 그래서 아픈 것이다.

글로벌 파트너십으로 발전하라

 세계는 변하고 있다. 무조건적이고 맹목적인 엄마의 사랑에는 오류가 있을 수 있다. 그 오류를 씻기 위해서는 이제 엄마와 딸의 관계도 전혀 다른 파트너십으로 발전해야 한다. 사랑 자체에 빠져 고뇌하고 괴로워하는 원초적 사랑에서 벗어나, 서로의 장점을 나누는 파트너십이 필요한 것이다.

 내 사랑에도 오류가 있었다고 인정한다. 입으로는 딸을 배려한다고 말하면서 정작 행동은 나의 감정에 빠져 혼란의 역사를 만들어 왔을 것이다.

 늦었지만 나도 깨어나고 싶다. 자율적이고 능동적으로 서로 마음을 나누며 동행하고 싶다. 내 딸들과 어떤 문제를 함께 해결해 가는 능동적인 우정과 사랑을 나누었으면 한다.

엄마라고 해서 딸들이 가는 길에 무임승차하는 것이 아니라, 그들이 나를 필요로 할 때 내 의견을 내놓고 서로 평화롭게 해결하는 파트너십이 필요한 것이다. 자발적 의지가 무엇보다 중요하므로 내 딸들이 하는 일에 대해 조언은 하지만 내가 결론을 내거나 평가하지 않으려고 한다.

　지금까지는 늘 엄마라는 이름이 그래야 한다고 믿어 왔고, 따뜻한 조언이 아닌 폭력적인 결론과 평가로 딸들의 마음을 상하게 했을 것이다. 내 딸들은 비록 내 앞에서 얼굴을 붉히지는 않았지만 많은 상처를 받았을 것이다. 그런 면에서 내 딸들은 옳았고, 나는 나빴다.

　이것 역시 사랑을 앞세운 겉치레였는지 모른다. 어떻게 살아야 하는가에 대해 우리는 많은 대화를 했다. 그러나 결국 그 길은 자신들이 가는 것이다. 이 중요한 문제를 지금에서야, 아이들이 자라 중년에 이르는 시간에서야 깨닫게 되었다는 것은 나에게나 우리 현실의 교육에 무리가 있다는 이야기다.

　새로운 시대, 새로운 여성상에 대한 비전이 필요한 시대에 내 엄마가 사랑한 그 방식을 그대로 내 딸들에게 강행한다면…… 그렇다, 그것은 강행이다. 마찬가지로 내 딸들도 자신의 딸들에게 내가 사랑하는 방식과는 또 다른 방식으로 변화해야 할 것이다.

만일 내가 다시 아이를 키운다면
먼저 아이의 자존심을 세워 주고
집은 나중에 세우리라

아이와 함께 손가락 그림을 더 많이 그리고
손가락으로 명령하는 일은 덜 하리라

아이를 바로잡으려고 덜 노력하고
아이와 하나가 되려고 더 많이 노력하리라

시계에서 눈을 떼고
눈으로 아이를 더 많이 바라보리라

만일 내가 다시 아이를 키운다면
더 많이 아는 데 관심 갖지 않고
더 많이 관심 갖는 법을 배우리라

자전거도 더 많이 타고
연도 더 많이 날리리라
들판을 더 많이 뛰어 다니고
별들도 더 오래 바라보리라

더 많이 껴안고 더 적게 다투리라

도토리 속의 떡갈나무를 더 자주 보리라

덜 단호하고 더 많이 긍정하리라

힘을 사랑하는 사람으로 보이지 않고

사랑의 힘을 가진 사람으로 보이리라

  다이애나 루먼스의 시이다. 아이를 다시 낳아 키운다고 가정한다면 이 시는 공감이 크다. 이 세상의 딸들은 보아야 한다. 엄마들의 실수를 교본으로 수정하고 보완하면서 새 시대 새 엄마로, 글로벌 엄마로 재탄생되어야 한다. 그것이 딸과 이 나라 미래를 위한 소중한 보험이다.

모든 엄마와 딸은 애정 결핍 증후군 환자

우울증 환자들의 노트에 "스트레스를 받지 않으려면 타인에게 기대를 하지 말자."라는 글귀가 적혀 있었다. 여기에서 '타인'이란 어디까지 말하는 건지, 타인의 범위가 궁금했다.

물론 나는 타인의 범주에 딸은 속하지 않는다고 생각했다. 딸이 어떻게 타인이겠는가. 과연 내 생각이 옳은지 틀린지는 알 수 없으나 내 나름으로는 타인은 아니라고 단호하게 결론 내린다. 어쩌면 여기에서 나의 스트레스는 시작된 것이고 이런 사고 때문에 상대방을 괴롭힌 것은 아니었을까.

만약 타인이 아니라면, 나의 딸이라면, 그러면 모든 것은 순조로운 것인가. 사람들의 이야기를 들어 보면 타인이 아닌 그 자체에서 오는 스트레스와 기대치 때문에 타인보다 훨씬 복잡한 심경이 될 때가 많은 것이다.

한 엄마가 내게 말했다.

"나는 딸을 사랑하거든요. 그런데 딸에게 무슨 말이라도 하지는 못해요. 그 아인 내가 말을 많이 하는 걸 싫어하기도 하지만 잘 들어 주지도 않아요. 그래서 혼자 투덜대다가 어느 날은 버럭 화도 냈다가 하지만 많은 날을 혼자 끙끙거리며 살아요. 정말 딸이 타인이 아니라면 이래서는 안 되잖아요?"

내가 물었다.

"그렇다면 타인이 아닌 사람과는, 가령 남편, 아들, 아버지, 어머니, 이런 분들하고는 어떤 말이라도 막 하시나요?"

그녀는 말이 없었다. 오히려 타인이 아니므로 더욱 조심성이 요구되는 것 아닌가. 우리는 너무 인간관계를 개별화시키지 못하고 사는 것이다. 그것은 결점이다.

그 엄마는 딸의 입장에서 생각해 보았을까. 딸도 엄마 때문에 투덜거리다가 버럭 화를 냈다가 결국은 혼자 끙끙거리는 시간이 많다고 생각해 보면 어떨까.

듣다 보니 이 세상 모든 엄마와 딸은 다 끙끙거리는 거 아닌가도 생각되었다. 다 말하고 속 시원하게 사는 사람을 나는 본 적이 없으니까.

그렇다. 사람은 그렇게 끙끙거리면서 사는 것이고, 속을 확 뒤집어 한 점 먼지 하나 그늘 하나 없는 사람이 있겠는가. 입은 다물고 기대치는 높아서 그 차이를 서로 풀지 못하고 끙끙대는 것 아닌가.

그것은 모두 "내가 사랑을 받지 못하나 봐요." 하고 말하는 것이다.

이야기를 들어 보면 엄마와 딸 모두가 애정 결핍증 환자들이라고 생각된다. 요즘은 병에 확신이 서지 않으면 증후군이라는 말을 쓴다. 애정 결핍 증후군이란 말도 흔하다.

밤이 오고 낮이 오고 하는 천체의 변화나, 바람이 불고 비가 오고 땡볕이 나고 하는 기상 변화나, 지진이 나고 천둥 치고 번개 치고 하는 기상 악화나, 모든 자연은 변화를 바탕에 깔고 있다.

하물며 인간이 왜 그렇지 않겠는가. 사람의 애정도 마찬가지일 것이다. 애정은 완벽의 결과가 아니다. 엄마라고 해서 완성된 인간은 더욱 아니다.

딸들은 어른이 어쩌면 저럴 수가 있는가 하고 놀라지 말기 바란다. 엄마도 누군가의 딸이고 엄마도 자신의 마음을 통제하지 못할 때가 많다.

코끼리는 매우 풍부한 감성을 지니고 있어서 기쁨, 행복, 사랑, 우정, 활기, 재미, 즐거움, 연민, 위안, 존경 등의 단어를 써야만 그들을 잘 표현할 수 있다고 한다.

이것은 사람에게 필요한 감정 문제 아닌가. 특히 엄마나 딸이 그렇게 표현해 주었을 때 서로 감정 나누기에 성공할 수 있지 않겠는가.

이제 마흔이 된 미숙이는 엄마 친구에게 하소연을 했다.

"나는 도저히 남편을 사랑할 수가 없어요. 그는 결점투성이예요."

그러자 엄마 친구가 말했다.

"사람은 사랑한다고 오랫동안 자신을 설득하기만 하면 차차 사랑하게 되는 거야."

"안 될 거예요, 나는……."

그리고 미숙이는 울었다.

"지금 울고 있는 것도 사랑하는 쪽으로 가는 길이란다."

그리고 엄마 친구가 덧붙였다.

"너는 고등학생 때 엄마하고 얼마나 많이 다투었니? 그러다가 많이 사랑하게 되지 않았어? 엄마니까 된 것이 아니라 엄마를 사랑한다고, 사랑해야 한다고 말했기 때문이야."

사랑도 노력이라는 뜻 아닐까. 사랑이야말로 노력이 필요한 것이다.

애정 결핍은 서로 애정을 너무 바라는 사람들이 걸리는 병이므로 내가 먼저 '나는 사랑받고 있다.'라고 생각하기 시작하면 남편이건 엄마건 자신을 사랑하는 것이 보이게 된다. 마음에서 부정하면 눈으로도 보이지 않고, 몸과 마음이 감지하지 못한다. 때론 사랑은 멍텅구리니까…….
가만히 앉아 기다리지만 말고, 일어나서 직접 다가가라.

한 번은
끝까지
싸워라

 엄마와 딸이 서로 미워하게 되는 가장 큰 원인은 의견 차이에서 올 때가 많다. 말하자면 내 편이 되어 주지 않는 것을 도저히 참지 못하는 것이다. 내 편이 되어 주는 것, 그것을 사랑으로 알고 있기 때문이다.

 때로 사랑하지만 편이 되어 줄 수 없는 경우가 있다. 아빠와 싸우는데 엄마 편이 될 수 없는 것이고, 언니와 싸우는데 엄마 편만 들 수 없는 것이고, 이웃과 싸울 때도 엄마 편만 들 수 없는 것이다.

 그래서 엄마 편을 들지 않으면 서운해하고, 저럴 줄 몰랐다고 하고, 다시는 안 본다는 말까지 하게 된다.

 하지만 엄마와 딸 사이에 영원한 싸움은 없다. 토라지고 어굿나고 못되게 굴면 딸이라도 정이 뚝 떨어지겠지만, 서로가 괴로워하는 그 순간을 생각하면 깜짝 놀라며 "어떻게 해?" 하며 어쩔 줄 몰라 하는 것이다. 상대가 괴로워하는 일은 본인도 괴로운 것이다. 부글부글 속을 끓이지만 참고 또 참으면서 참는 괴로움을 안고 사랑에 도달하는 것이다. 그것이 엄마와 딸이다. 그렇게 속을 끓인 만큼 더 사랑도 애잔하게 끓었는지 모른다. 담담한 관계보다 훨씬 더 애틋한 경우를 자주 본다.

그러나 사람은 누구나 격해지는 순간이 있다. 도저히 참을 수 없다면, 참고 참고 또 참았는데도 울화통이 터진다면, 한 번쯤 따지면서 큰소리를 내라고 심리학자들은 말한다. 엄마라고 참기만 하지 말라는 것이다.

"너 왜 그래! 엄마는 사람으로 안 보여!"

"사람으로 안 보는 사람이 누군데……."

문을 확 닫고 집을 나가는 것이 흔히 우리가 보는 드라마 속 상황이지만, 심리학자들은 가슴 터지는 울화를 내뱉듯이 딸에게 엄마 마음을 풀어 보라는 것이다. 이것은 딸의 경우도 마찬가지다.

엉엉 울며 통곡을 하는 경우가 생길지도 모른다. 온갖 푸념을 늘어놓으며 지금까지 살아오면서 억울했던 것을 바닥을 치며 다 풀어내고 얼굴은 엉망이 되고 다 토해 내서 온몸과 마음이 깨지더라도 한 번은, 인생에 한 번은 엄마가 딸에게, 딸이 엄마에게 할 수 있을 것이다. 완전히 미워 죽겠어서가 아니라 치유의 의미로 그렇게 망가질 수 있을 것이다. 그렇게 한 번쯤 소리를 지르고 울화를 쏟고 나면, 서로 얼굴 보기는 조금 민망해도 감정은 어느 정도 완화가 되면서 속이 시원할 것이다.

심리학자들이 서로 감정을 풀어내는 방법으로 또 한 가지 권하는 것이 있으니, 상대방의 장점을 노트에 적어 보라는 것이다. 참 할 일 없는 것처럼 보이기도 한다. 미워 죽겠는데 장점을 찾아 적으라니······. 그러나 그러다 보면 정말 장점에 공감하고 미안한 마음이 들 수 있겠다는 생각이 든다.

엄마는 딸에게, 딸은 엄마에게 그냥 지나쳐도 될 것까지, 얼마든지 스스로 고칠 수 있는 것까지 세세하게 콕 찍어 말하므로, 그만큼 상처도 입고 미움도 생기는 것이리라.

무슨 말을 하긴 해야겠는데 벼르고 또 벼르다가 에라 그만두자······ 하고 우물우물 등을 돌리는 경우도 많다. 침묵 전쟁도 만만치 않은 것이다.

그렇다면 심리학자들이 말하는 상대의 장점을 적어 보는 일, 나쁘지 않을 것 같다. 할 일 없어 보이지만 결과는 좋을 수도 있다. 문자가 갖는 힘이 있다. 적다 보면 서로 고백하고 싶은 긍정적인 생각이 들 수도 있다.

방법이 필요하다. 장점을 적어 보내는 것도 좋고, 편지를 써 보는 것도 좋고, "내가 너에게 화를 낸 것보다 천 배는 더 널 사랑한다."라고 말해도 좋고, 자기가 할 수 있는 일이 무엇인지 생각하고 가슴을 열어야 한다.

서로 쳐다보고 한 번만 웃어도 10년 화가 풀리는 사이, 이런 사이가 어디 있겠는가. 그만큼 눈물 나고, 오로지 상대가 행복하기를 비는, 엄마와 딸이다.

말 안 통하는 엄마, 말 안 통하는 딸

 엄마들은 알아야 한다. 딸이 불통이라 말이 안 통한다고 생각하지 마라. 태교 때부터 그 딸은 엄마의 책임이다. 딸이 불통이면 그것도 다 엄마 책임이다. 그래서 앞서 산 엄마들은 말해 왔다.

 "그래, 다 내 죄다. 내가 죄인이다."

 그러나 지금은 이런 한스러운 말로 딸의 마음을 수습할 수 없다. 현대에 와서 교육열이 하늘을 찌르는데도 가정의 역할이 오히려 감소되었다고 보는 사람이 많다.

 먹고살기 바쁘고 정신이 혼란스럽다는 이유로 가정 안의 주인공들은 사랑을 깊이 숨겨 두고 현실성 없는 일로 마음 다치고, 그 마음 다치는 일로 가정은 계속해서 혼란스럽고 대화도 끊긴 상태가 많다.

청소년들이 가출을 하는 이유를 우리는 흔히 가난이나 부모의 이혼 등으로 보는 경우가 많다. 그러나 최근 청소년들의 가출 원인을 조사한 결과 부모와의 소통 부재가 가장 크다고 한다.

말이 안 통한다는 것이다. 아이들은 지금 당장 눈에 보이는 것을 해결하고 싶어 하는데, 부모는 앞날을 위해서는 중요한 것이 다르다고 우기면, 그것이 제아무리 염려고 사랑이라고 해도 그런 부모의 말을 아이들은 그저 '말이 안 통하는' 것으로 결론 내려 버린다.

그래서 가출 청소년들의 거처를 만드는 것보다, 가출로 이어지지 않도록 가정적 대안이 가장 시급한 것이 아닌가 생각된다. 그 대안법으로 가장 중요한 인물이 바로 엄마다.

청소년들이 가출하는 이유로 세 가지를 꼽았는데 그것은 '이해', '간섭', '구속'이었다고 한다. 엄마들이 이런 말을 들으면 어떤 반응을 보일까.

집안은 뒤숭숭하고 되는 것도 없고 삶은 팍팍한데 이해라니! 아니, 내가 언제 간섭했어! 배가 부르니 별소리를 다 하네. 구속? 구속 같은 소리 하고 있네. 제 발로 다 돌아다니면서 언제 내 말은 듣기나 했어! 라고 할 것이 뻔하다.

왜냐하면 엄마도 가슴이 터질 듯 이해해 주는 사람도 없고, 간섭하는 사람만 있고, 사는 일이 꼭 지옥 같은 구속인데, 엄마가 뭘 더 어떻게 한단 말이냐고 거품을 물 것이다.

엄마나 딸이나 모두 힘들기는 마찬가지다. 그러나 두 사람이 같은 무게로 힘들다면 결국 엄마가 먼저 딸의 방황과 혼란을 껴안아 줘야 마땅하다. 그래서 어른이라고 하지 않는가.

빈곤을 이유로 대는 사람도 있지만 먹는 일보다 더 중요한 것은 자녀의 마음을 껴안는 일이다. 마지막까지 모두 잃었어도 가족의 마음을 잃지 않았다면 희망이 있는 것이다.

그런데 그것이 지구를 드는 일보다 어려운가 보다. 지금도 가출 청소년들이 '가출팸'이라는 이름으로 몰려다니고, 집안에서는 엄마와 딸이 서로 이해할 수 없다고, 구속한다고, 간섭이 너무 많다고 서로 얼굴을 붉히며 티격태격하는 것을 보면…….

그런데 딸들도 그렇다. 하찮은 것도 간섭이란다. 말 한마디도 못하게 한다. 좋은 쪽으로 방향을 틀기 위해 "치마가 예쁜데 좀 짧지 않니?" 하면 "잔소리 좀 그만해." 그러면 엄마도 김빠진다. 할 말이 콱 막히는 것이다. 그러고는 서로 말이 안 통하는 엄마, 말이 안 통하는 딸이 되는 것이다.

엄마 되기가 너무 힘들다. 그러면 낳아 기르면서 치마가 좀 짧다는 소리도 못하는 것인가. 누구에게 항의를 해야 하나. 엄마들은 이런 딸 욕할 곳이 없어서 벽을 바라보고 하거나,

화장실 수돗물을 틀어 놓고 딸 욕을 하기도 하는 것이다. 그러면 좀 풀리고 조금 미안하고 조금 멋쩍어져서 아무 일도 없는 것처럼 "점심 잘 먹어." 문자 하나 보내는 엄마도 쉽지 않다.

그러나 부모는 어떠한 경우에라도 부모 역할을 해야 한다. 자신의 스트레스가 아무리 많아도 자녀를 위해 가정의 분위기를 따뜻하게 할 필요가 있다. 가정이 무력해지면 자녀들이 그 안에서 버티는 힘도 무력해진다. 한 뼘도 행복하지 않은 가정, 누구도 책임지지 않는 가정 속에서 아이들이 왜 짓눌리며 그 안에서 버티겠는가.

부모는 책임이, 자녀는 신뢰가 필요한데, 이것이 무너진 사회에서 부모 자식 간에도 마지막 선이 무너지는 것이다.

나도 칭찬에 미숙했다. 남들에게는 칭찬을 잘하는데 유독 남편과 딸에게는 그것을 하지 못했다. 왜 그럴까. 그들을 나 자신과 같이 생각했으므로, 자화자찬이라고 여겼기 때문이다. 그러나 그것은 잘못된 생각이다. 딸들에게 칭찬을 많이 했더라면 우리 딸들은 훨씬 자신감이 단단해졌을지 모른다. 놓친 것은 딸이 아니라 나 자신이었던 것이다.

"너는 왜 못해?"

내가 틀렸다. 엄마가 안 하니까 딸도 안 하는 것이다. 엄마가 하면, 딸도 하게 될 것이다. 나는 그것을 믿는다. 믿으면 그렇게 된다.

엄마의 희생은 이 세상에서 하느님의 역할을 대신하는 것이다. 그렇기에 자랑하지 않고 늘 부족하고 미안한 것이 엄마다.
 그렇다. 이것이 바로 가정의 힘을 만드는 대안법인 것이다. 그렇게 되면 말 통하는 엄마, 말 통하는 딸이 되지 않을까.

말대답,
말대꾸가
살아 있는 대화

 말대답? 이 말 나도 참 많이 들었다. 엄마가 왜 아직 이런 걸 안 했느냐고 야단을 칠 때 내가 뭐라고 뭐라고 이유를 말하면 엄마는 내 말을 듣지도 않고 '말대답'을 한다고 소리를 질렀던 것이다.

 "제대로 해 놓지는 않고 말대답은!"

 그러면 도대체 어떻게 하라는 것인가. 그냥 대답이지 그것을 말대답이라고 하는 이유는 뭘까. 엄마들은 참 이상하다. 대답을 안 하면 안 한다고 소리치고, 대답을 하면 말대답한다고 화를 내고······.

 국어사전에서 '말대답'은 "묻는 말을 맞받아서 대답하는 것"이라고 되어 있다. 그런데 그 앞에 "윗사람의 말에 반대한다는 뜻의 이유를 붙여"라고 되어 있는 걸 보면 말대답은 바른말은 아닌 것 같기도 하다.

아무래도 변명을 하다 보면 말하는 쪽에서 먼저 경직되고, 사실이 아니라는 말을 하려니 고개를 바짝 들고 설명할 수도 있다. 그것을 엄마들은 참을 수가 없었는지 모른다.

"고개를 꼿꼿이 들고 꼬박꼬박 말대답하면, 그래, 뭘 어쩌려고!"

여기에서 좀 더 화가 치밀면 경상도에서는 심한 욕도 함께 섞는 수가 있다.

"고개 꼿꼿이 쳐들고 꼬박꼬박 말대답하면, 그래, 뭘 어쩔라꼬! 에미를 잡아먹기라도 할라꼬!"

엄마는 자기 화를 누그러뜨리지 못하고 막 나가는 것이다. 그럴 땐 딸이 비켜가는 수밖에 없다. 그런데 약지 못한 딸이 비켜나가지 못하고 같이 가다가는 당한다.

"누가 잡아먹는데? 엄마가 되레 날 잡아먹으려고 하네."

이렇게 되면 매질을 당하고 만다.

"이년이……."

나도 두어 번 경험이 있다. 중학생 때 엄마가 화난 줄도 모르고 (언니들에게 물었더니 밤새 아빠와 싸웠다는 거다.) 괜히 엄마를 건드린 것이다.

그래도 나는 조금은 약은 편에 속했다. 엄마가 빗자루를 들

엄마와 딸

면 잽싸게 도망가는 것이 나의 재주였다. 그것이 제일 좋은 약이다.

셋째 언니는 엄마가 화가 나서 빗자루를 들면 죽을 때까지 피하지 않고 맞았다. 그 자리에서 절대로 도망가지 않고 맞으면 오히려 엄마가 숨이 넘어가면서 "이년이 날 죽인다!" 하고 소리쳤다.

때리면 엄마 팔도 아프고, 때리다가 엄마가 쓰러지는 경우도 있었다. 그러니 도망갔던 나는 지금 생각하면 효녀였다.

그 시절에도 엄마는 딸년이 많으면 뭐해! 밤새 애비랑 싸워도 어느 딸년 하나 알아주지 않는다고 아무 일도 없는데 화를 냈을 것이다. 그것이 엄마가 화 푸는 방법이었는지 모른다.

'말대꾸'라는 말도 있다. 우리 엄마도 자주 사용하던 말이다. 국어사전에는 말대꾸에 "남의 말을 그대로 받아들이지 않고"라는 뜻이 붙어 있다. 말대답이나 말대꾸나 둘 다 공손하지 못하고 대드는 격을 말하는 것이다.

이러니 우리나라에서 가족 간에 대화가 제대로 정착되지 못하는 이유는 어른들의 말에 도무지 제대로 자기 의사를 말하지 못하게 하는 '말대답', '말대꾸' 인식 때문이 크다. 그래서 말대답, 말대꾸로 인식된 대화는 결국 '말싸움', '말다툼'이 되고 마는 것이다.

그런데 우리의 대화 수준이 사실은 다 말싸움 같은 것이다.

엄마와 딸의 대화도 다르지 않다. 만만하다고 가깝다고 의사 표현에 악을 물고 하니까 싸움밖에 되지 않는다.

요즘은 소위 교육적으로 올바른 매너를 가르친다는 마음으로 엄마들이 아기 때부터 대화하는 법을 가르친다. 말과 대화도 가르치면 한결 좋아질 테니까. 그런데 현대의 교육은 눈부시게 발전했는데도 대화의 질은 좋아지지 않는다. 특히 사랑하는 사람들끼리의 대화가 더욱더 안 된다는 것이다. 아마도 자존심을 걸고 대화에서 이겨야 한다는 심리가 존재하는지 모르겠다.

이상하게도 아버지는 그 옛날 내게 말하는 법을 가르치셨다.

"니 생각은 어떠냐?"

내가 뭐라고 대답하면 아버지는 늘 칭찬을 하셨다.

"아이고, 그런 생각을 다 했냐. 달자가 공밥은 안 먹는구나." 하시며 좋아하셨다. 내 말을 잘 받아 주셨고 그 말을 이어 가는 방법을 가르쳐 주셨던 것이다. 내가 혹여 틀린 말을 하면 "아버지 생각은 그렇지가 않다. 이렇게도 생각해 보아라." 하시면서 사고를 촉진하는 방법으로 나를 끌고 가셨던 것이다.

그런데 사회에 나가 나는 알았다.

"그건 아닌 것 같아요. 이렇게 생각해 보면 어떨까요."

이렇게 말하면 어른 말에 토를 단다느니 니가 잘나면 얼마나 잘났냐느니 전혀 예기치 않은 말들이 나왔다.

대화는 어려웠던 것이다.

나도 어른이 되어 딸과 대화를 할 때 나도 모르게 불쑥 화를 낸다.

"넌 꼭 내 말에 토를 달아. 시끄러워!"

이렇게 되면 안 된다. 상대의 말을 인정하면서 풀어 가는 것이 대화다. 우리는 가족들, 특히 엄마와 딸의 대화에 좀 더 인내와 의지와 은근한 기다림을 가져야 할 것 같다. 그게 사랑이므로.

나와 의견이 조금 다르다고 해서 상대방의 말을 멈추게 하면 안 되는 것이다. 그것은 틀린 말이 아니라 다 함께 생각해 보는 것으로 대화를 이어 가야 한다. 대화는 상대방을 존중해야 하는 것이다.

나는 강의를 할 때 말대답을 종용한다. 말대답, 말대꾸를 하는 강의가 살아 있는 강의이기 때문이다. 질문하고 대답하고 토론하는 강의. 그런 강의에서 문제점이 해결되고 상대방의 생각을 인정하고 새로운 것을 알게 되고 지루한 시간에 활기를 불어넣는 것이다.

미국에서 본 중학교 강의 시간이었다. 청바지를 입은 뚱뚱한 교사가 등장하고 학생들은 자유롭게 인사를 했다. 교사는 "BIG"이라고 칠판에 써 놓았다. 세상에서 가장 큰 것을 각자 말해 보라고 하고는 교사는 뒤에 가 서 있었다. 한 학생이 말했다.

"나는 세상에서 가장 큰 것은 몽블랑 산이라고 생각합니다. 지난해 부모님과 몽블랑 산에 올랐는데 세상이 다 아래에 있었어요. 그만큼 큰 것을 본 적이 없어요. 가장 큰 것은 몽블랑 산입니다."

다른 학생이 다시 일어섰다.

"나는 이 세상에서 가장 큰 것은 길이라고 생각합니다. 길은 끝나는 곳이 없지 않습니까. 지구의 길을 생각해 보세요. 길이 가장 큰 것입니다."

다른 학생이 일어섰다.

"바다입니다. 바다는 아직 인간의 과학으로도 그 끝을 본 적이 없어요. 이 세상에서 가장 큰 것은 바다입니다."

이렇게 여러 학생이 다 말하기 시작했는데 교사는 한 번도 개입한 적이 없었다. 학생들끼리 서로 이야기를 이어 갔던 것이다. 다시 학생이 일어섰다.

"나는 이 세상에서 가장 큰 것은 눈에 보이지 않는 마음이라고 생각합니다. 그것은 결코 인간의 힘으로 가늠이 어려울 만큼 큽니다."

학생들이 박수를 쳐 주었다. 드디어 다 말하고 난 뒤에 교사가 끝을 맺었다. 나는 생각했다. '뻔하다. 마음이라고 하겠지.' 그러나 교사는 말했다.

"자, 좋았어요. 그러나 가장 큰 것은 앞으로 다시 여러분이 체험하게 될 거예요. 수업 끝."

나는 부끄러웠다. 나는 늘 내가 결론을 내야 한다고 생각했다. 발표라든가 대화라든가 토론이라는 것이 다 대화이지 않는가. 미숙한 대로 서로 마음을 교환하는 습관, 서로 주고받으며 즐거운 대화는 엄마와 딸의 관계를 행복하게 이끌어 갈 것이다.

물어 놓고 대답하면 말대답한다고? 그렇게 무안을 주는 대화는 이제 끝.

엄마 과목,
딸 과목,
서로 공부가
필요하다

　세상에서 가장 중요한 것이 가정이라고 말하는 사람은 많다. 한 사회, 한 국가가 성장하고 발전하는 것은 가정이 가정다울 때 더불어 커지는 것이다.

　그런데 요즘 가정이 너무 쉽게 만들어진다는 말들이 있다. 가정을 이루는 사람들이 가정의 중요성을 인식하지 못하고 남녀가 사랑하는 것으로 일단락, 그것이 결혼의 이유라는 것이다.

　그러고는 서둘러 준비하여 함께 살다가 아무런 대책 없이 아이를 낳는다. 결혼하고 아이를 낳는 일에 공부 따위는 필요 없다고 생각하는 것이다. 그래서 우리나라의 이혼율이 세계에서 높은 순위를 차지하는 것일지도 모른다.

그러나 결혼만큼 공부가 필요한 것은 없다. 결혼은 어느 하나의 전문 과목만 잘하는 것이 아니라 모든 과목에 두루두루 우수해야만 성공할 수 있다. 그것은 바로 인간학이다. 결혼, 출산, 육아, 이 모든 것에는 인간학 공부가 필요하다. 학교 때 국어, 영어, 수학을 공부하는 일보다 더 치열하게 공부하지 않으면 안 된다는 것이다. 학교에서 1등 하는 사람과 생활에 1등 하는 사람이 다른 이유도 여기 있다.

먼저 사람을 아는 일이다. 사람은 다 다르다. 이 다름에 대한 인식이 첫 번째로 필요하다. 우리는 모두 다르다는 것을 알면서 다른 사람과 살아간다.

사랑한다는 감정 하나로 인생을 결속시키며 살 수는 없다. 사랑은 쉽게 타성화되고 부식하기도 쉽다. 그러므로 사람에 대한 신뢰와 장점과 가능성을 발견해 가는 삶이야말로 결혼이다.

사람은 모두 부족하다. 이 부족한 것에 대해서도 인지할 필요가 있다. 모자라고 부족하고 못나 보이는 것은 자신의 기대치와 비교할 때 일어난다. 중요한 것은 상대도 그런 비교를 한다는 것이다.

삶은 절대로 좋은 일만 생기지 않는다. 불운할 때 어떻게 대처해야 하는지도 공부할 필요가 있다. 슬픔을 이기는 힘이야말로 사람의 힘이며, 사랑의 힘이다. 사랑은 밝은색보다 어두운색을 더 많이 가지고 있다. 어둡다고 사랑이 없는 것이 아니다. 어둠 속에서 빛을 이끌어 내는 사람이 바로 사랑하는 사람이다.

너무 편견을 가지고 결혼 생활을 하면 늘 서럽다. 그래서 공부가 필요하다. 공부를 안 하니까 자신의 부족한 점을 모르고 남의 탓만 하는 것이다.

아이가 어릴 때 우리는 잘 인지하지 못한다. 아이들이 사춘기가 되고 대학을 가고 꿈을 가지고 인생의 목표를 세우며 자기만의 생을 걸어갈 때 엄마와의 갈등이 가장 심해진다. 아이들에게 자기만의 성격과 고집이 만들어지고 엄마가 하는 말과 행동이 전적으로 마음에 들지 않게 되면서 엄마와 서로서로 대화로 풀어 가는 것이 아니라 공격적으로 "나는 이렇게 할 거야." 자기 목소리만 내고 엄마의 생각은 무시해 버리려고 한다. 엄마가 가만있겠는가. 서로의 생각을 내세우다 험한 말이 튀어 나오기도 하는데 그 지점에서 사실 서로 마음만 다치고 문제 해결은 불가능해지는 경우가 많다.

사랑에 미숙하고 서툰 사람들이 서로 할퀴는 법이다. 왜? 받는 것에 더 치중하고 주는 것이 부족하니까 그렇다. 상대가 뭘 원하는지 뭘 어떻게 표현하는지를 몰라서 결과는 늘 좌충우돌이다.

원래 그렇다. 사춘기 아이들 눈에 엄마는 늘 탐욕스럽고 속

물적이며 위선적으로 보인다. 아이의 순수한 마음이 가장 가까운 엄마로부터 다치는 경우가 많다. 인간 내면의 어둠을 엄마로부터 배우는 경우도 있는 것이다.

한국의 엄마들은 아이가 말을 배울 때 '베이비토크'를 사용한다. 과자를 '까까'라고 하고, 밥을 '맘마'라고 하고, 더러운 것은 '찌찌'라고 하고, 때리는 체벌은 '맴매'라고 한다.

우리말의 응용을 어긋나게 하는 것은 아이가 말을 배울 때부터 시작된다. 그리고 의사소통을 주고받는 것으로 가르치지 않고 아이의 말 한마디에 "됐다." "그냥 줘라." 옳고 그름을 따지지 않는다. "이뻐, 이뻐." 하면서 다 들어준다. 그러다가 어느 순간 그것을 멈춘다.

서양에서는 아주 어릴 때부터 '베이비토크'의 싹을 자른다. 올바르게 가르치고 스스로 알아 가게 만든다. 시행착오를 겪으며 아이는 방법을 터득한다.

영진전문대 유아교육과 장현주 교수의 이야기를 들어 보면 우리 어른들이 저지르는 실수가 너무 많다. 장 교수는 우선 한국 엄마들이 질문을 너무 많이 한다고 지적한다. 학교에 갔다 오면 아이에게 스스로 말을 할 시간을 주는 것이 아니라 "뭐했니? 선생님은 어때? 친구들은?" 엄마가 질문을 쏟아 내면 아이는 대답을 하지 못하고 입을 닫는다. 집에 가면 하고 싶은 이야기가 많아 달려왔는데 말문을 닫는다는 것이다.

이것뿐만 아니다. 아이가 인사를 하려고 하는 순간에도 "안녕하세요, 해야지." 집에 가려는 순간에도 아이가 인사를 하려고 자세를 잡으면 "안녕히 계세요, 해야지." 그러면서 "너는 왜 인사도 못해!" 하고 아이를 윽박지르면 아이는 영영 엄마 때문에 반벙어리가 되는 것이다.

엄마의 잘못된 인식이 아이를 그르치게 한다. 아이를 잘 키워야 한다는 강박관념이 아이를 주눅 들게 하고 발표력을 거세시키니, 정작 자신이 해야 하는 말을 사회 속에서도 침묵하고 마는 것이다. 그러면 그 아이는 결국 마음이 어두워지고 친교 관계도 나빠지는 것이다.

아이가 자라 이야기 상대도 되어 주고 이제 세상 이치도 알아서 의젓해진 딸은 엄마가 바라보기에도 흐뭇하다. 그런 딸에게는 우선 자기 나름으로 생각이란 것이 있을 것이다. 자기가 하고 싶은 것을 실행에 옮기고 자유롭게 살고 싶은 마음이 있을 것이다. 그런데 엄마는 다 자란 딸이 앞으로 결혼도 해야 하고 사회에 나가 취직도 해야 하므로 시대의 변화를 계산하지 않고 엄마 식으로 간섭하기 시작한다.

"그게 뭐야!"

멋을 부려도 그렇게 말하고 멋을 안 부려도 그렇게 말한다. 엄마는 엄마 식으로 딸을 키우고 싶어 한다. 딸이 제일 견디기 어려운 것은 엄마가 대화하자고 해 놓고 엄마 혼자 말하고 혼자 끝내고, 거기다가 자기 식으로 안 되면 딸을 무시하는 발언을 서슴지 않는 것이다.

"그러고도 잘되기를 바라니?"

엄마가 원하는 쪽이 아니면 뭐든 잘못된 길이다. 딸도 그렇다. 딸은 기본적으로는 엄마가 자신을 사랑한다는 것을 믿는다고 해도, 감정이 솟구친다. 거기다 엄마들은 곧 딸의 마음을 잘 넘겨짚는다.

"엄마는 상대 안 한다 이거니?"

딸은 괴로울 것이다. 이것밖에 길은 없는지……. 엄마와 딸은 혈육 관계라는 무거운 짐을 사랑으로 따뜻하게 감싸 안기가 그렇게 어려운지 모른다.

무슨 공부가 필요할까. 전문가들은 엄마가 말하기보다는 아이에게 더 많은 말을 시키라고 말한다. 자기 말만 해 놓고 아이에겐 말 안 한다고 다그치는 엄마들이 있다.

나도 그랬는지 모른다. 속이 다 터진다고 말하면서 이것은 이래, 저것은 저래…….

"왜 대답도 못해! 안 그러니?"

내가 혼자 말하고 대답하느라 사실 따지고 보면 아이는 말할 시간이 없었다. 내 딸들도 엄마가 싫었을 것이다.

들어주는 엄마는 그냥 되지 않는다. 공부가 필요하다.

딸들도 마찬가지다.

"나를 왜 그렇게 키웠어?"

이렇게 엄마 탓을 하는 것은 좋은 방법이 아니다.

대학에서 학생들을 가르칠 때 느낀 점은 아이들이 질문을 하지 않는다는 것이었다. 자, 이제 질문하세요, 라고 하면 누구 하나 입을 열지 않는다.

"내가 지금 조용히 하라고 했나?"

하고 소리 지르면 그냥 웃는다. 다른 대학 교수들에게 물어봐도 똑같다. 질문이 없다는 것이다. 나는 강의 때마다 학생들이 질문하고 토론하는 것을 생명으로 생각한다. 어느 정도는 되어 간다. 그러나 나이 많은 교수의 말을 언제까지 따라올지 모르겠다. 나이는 들어도 강의는 젊고 뜨겁게 하는 것이 나의 희망이지만……

엄마와 딸, 기본적인 사랑이 있으니 서로 좀 더 이해하려고 노력하면서 삶의 기후를 보다 맑게 만드는 일, 엄마와 딸 모두 공부해야 할 일이다.

복잡한 엄마, 단순한 딸

 수능이 얼마나 남았다고! 엄마가 하루에도 수백 번 했던 그 말도 시간이 흘러가 버렸다. 수능 끝나면 실컷 놀라고 했는데도, 수능만 끝나면 잔소리 하나 안 하겠다고 딸에게 장담을 했는데도, 다시 잔소리가 그치지 않는다.

 딸이 너무 놀고 다니니까 잔소리가 나올 수밖에 없다. 아직 논술도 남았고, 영어 학원도 더 다녀야 하는데 딸은 태평으로 늦게 들어온다.

 집에 있어도 할 일이 없을 것 같은데 왜 또 나가냐고 안달을 하는 엄마도 있다. 이 시점에선 엄마도 좀 놀아야 한다. 그런데 속이 시원치가 않다. 무얼 해도 만족스럽지가 않다. 이게 무슨 형벌인가.

생각해 보면 딸이 중학교에 입학하면서부터 6년 내내 단 한 번도 마음 편한 적이 없다. 아니다. 중학교 입학부터겠는가. 사실은 그 아이가 배 속에 있을 때부터 이 아이를 어떻게 키워야겠다고 엄마는 마음먹었다. 그리고 말을 배우고, 기어 다니다가 혼자 서는 순간에도, 저 아이를 잘 키워야겠다고 두 주먹을 불끈 쥐었던 것이다.

드디어 초등학교 입학……. 그래, 그때부터 엄마는 딸 하나를 어떻게 키우는가가 그대로 엄마 인생이 되어 버렸다. 과연 딸의 교육이, 그 딸이 무엇이 되는가가, 그 딸을 위해 인생을 바치는 것이, 무엇일까.

시간이 흘러 이제 그렇게 바라던 수능이 끝났는데도 엄마는 마음이 편치가 않다. 나와 있는 점수도 탁 마음에 들지 않고, 그토록 바라던 희망이 왠지 기를 펴지 못하는 것 같아도, 그래도 엄마는 주어진 현실에 만족하려고 안간힘을 쓴다.

"다른 아이들은 대학도 못 가고 어떤 아이는 더 나쁘다는데……."

그렇게 마음먹어도 영 편치가 않다. 지난 세월들은 아팠다. 학원 정하랴, 과외 알아보랴, 딸 챙기랴, 사춘기 방책을 마련하랴, 엄마는 지난 세월을 정신없이 보냈다. 그러다가 서로 마음을 다치면 엄마는 무슨 죄인처럼 "아니야 아니야, 됐어." 하고 딸의 마음을 다독거린다. 그러다가 딸이 공부를 놓아 버리기라도 하면 안 되니까. 그래 속 썩는 일은 이 엄마가 혼자 다 앓을 게 넌 공부만 해라, 이런 식으로 6년을 버텼다. 아이고, 그 6년, 60년 같다고 말하는 엄마도 많다.

수연이는 중학교 3학년 때 남자 친구를 사귀면서 엄마 속을 뒤집어 놓았다. 생각해 보면 엄마가 잘못이었다. 큰 난리라도 난 것처럼 딸을 감시했기 때문이다. 휴대폰을 검사하고 일기장을 뒤적거리고 주머니를 뒤지고…… 그것도 다 들키고 나면 엄마는 딸에게 더 죄인이 된다. 오히려 딸에게 교양 없는 엄마가 되어서 더 간섭도 못하고 안달복달만 한다. 그래도 공부를 해야 하니까 엄마는 딸에게 말을 조심하고, 먹을 것을 챙기고, 학원에 실어 나르고, 남는 시간은 기도에 바친다. 그러다가 딸의 성적이 오르기라도 하면 딸에게 뺨을 맞아도 좋을 것 같다. 도무지 공부가 무엇일까. 도무지 자식이 무엇일까.

그렇게 6년. 수능이 끝나면 훨훨 날 것 같았는데 그것도 아니다. 중죄인에게 주어지는 형벌도 아니고, 때론 엄마는 지치고 서럽다.

공부, 공부, 공부, 하다가 수능이 끝나면, 딸은 왠지 저 멀리 있는 것 같다. 수능만 끝나면, 그래, 수능만 끝나면, 하고 벼르는 일이 많다. 영화도 보고 쇼핑도 하고 여행도 가고……. 그 생각을 하면 엄마는 조금 피로가 풀린다. 그런데 정작 딸은 엄마와 그런 시간을 원하지 않는다.

"엄마 친구들하고 가."

서로 생각이 다른 것이다. 엄마는 머리가 복잡하다. 반면에 딸은 단순하다. 엄마는 딸이 대학을 가고 친구를 사귀고 연애를 하고 결혼을 하고 취직을 하고…… 딸이 살아가는 세상을 한꺼번에 생각한다. 그러나 딸은 그 순간을 생각하고 판단한다.

딸의 세대는 복잡한 걸 가장 싫어한다. 어쩌면 막상 닥치면 잘할 수도 있을 것이다. 그런데 엄마는 딸의 미래 인생까지 모조리 관여하고 싶어 한다. 그것은 딸이 원하는 것도 아니고, 그렇다고 말을 들어주지도 않는데, 엄마 혼자 열렬한 짝사랑을 하는 것이다. 엄마 속을 뒤집는 말을 툭 뱉고 나가지만 언제나 엄마는 딸의 오늘 그리고 내일을 계산한다.

왜 엄마들의 머리는 그렇게 복잡할까. 웃을 때 웃게 내버려 두면 좋을 것을 "지금은 웃을 때가 아니야. 수능 끝나고 웃어." 하고 지금 없는 시간을 생각한다. 그리고 오늘도 내일도 웃지 못한다.

엄마는 어떤 것이 행복이라는 상자를 가지고 있다. 그 상자에 없는 것은 행복이 아니다. 엄마의 상자에 든 비밀을 그대로 살아 달라고 엄마는 애원한다.

그러나 딸은 딸이 생각하는 딸의 인생이 있다. 엄마는 걱정하지 마라. 실수도 필요하고 눈물 나는 경험으로 눈물이 웃음을 가져온다는 것도 알아야 한다. 딸의 행복도 성공도 엄마의 상자 속에 있는 것이 아니라 딸의 상자 속에 있다.

 엄마는 딸의 상자를 믿어라. 딸은 더 똑똑하게 엄마의 상자에 든 행복보다 빛나는 것을 자신의 상자에 담고 있을 것이다. 딸도 하나의 종교다. 믿어라.

엄마는
딸의
인생 코치

 그렇게 생각해 본 적은 없는가? 딸이 마음에 들지 않는다고 말이다. 그러나 그 순간 생각하라. 딸도 지금 엄마가 마음에 들지 않는다고 삐죽거리고 있다고……
 딸이 마음에 안 든다고? 나는 수없이 그런 생각을 했다. 어쩜 저렇게 마음에 안 드는 짓만 골라서 한다고…… 그러다가 나는 생각한다. 내 딸들이 모여 앉아 엄마는 어쩜 그렇게 마음에 안 드는지…… 그 마음에 안 드는 종목을 세고 있다는 생각을 하면 마음이 누그러진다.
 누구든 마음에 든다는 것은 어렵다. 그렇게 헤어지면 죽을 것 같은 그 남자와 결혼해도, 살다 보면 어디 마음에 들던가?
 그런데 딸들이 결혼하고 엄마가 되니까 저희들도 다 안다.

마음에 안 드는 그 마음의 해결책이 무엇인지 각자 잘 풀어가는 것 같다.

사람이 사람을 마음에 딱 들어 하기란 어렵다. 딸이기에 더욱 마음에 안 든다. 이미 엄마는 딸에 대한 기대치가 높으므로 엄마 눈에 딸은 늘 부족이고 불안이다. 엄마의 그런 마음이 크건 작건 딸에게 전해진다. 그리고 딸은 언제나 직설적으로 엄마의 약점을 지적한다.

"엄마는 늘 왜 이래?"

"엄마는 이거 몰라?"

더 심하게는 남편을 끌어다 붙이기도 한다.

"그러니까 아빠가 그러지."

이 말에는 엄마도 못 참는다. 아침부터 큰소리가 난다. 서로서로 목소리가 커지다가 딸이 아침밥이라도 안 먹고 나가면 엄마는 눈물부터 쏟아진다.

딸뿐이겠는가. 엄마도 야무지게 딸에게 상처를 준다. 한창 가슴이 부푼 딸에게 가장 아픈 것을 건드린다.

"그 점수에? 그런 건 아무나 하는 줄 알아?"

이런 말은 웃으며 해도 딸의 마음에 금이 간다. 이렇게 엄마와 딸 사이에는 매듭이 있다.

그렇다면 이것이 엄청나게 큰 문제인가? 대단한 문제가 벌어지고 있는 것인가? 그렇지 않다. 아이를 키우면서 이런 말

장난(?) 안 하고 키우는 사람 없다. 이것은 모두가 기대치에 벗어나고 있다는 것을 감지하면서 서로에게 화를 내는 것이다.

이런 말이라도 하고 사는 엄마와 딸은 그래도 낫다. 이런 대화도 없이 서로 마음으로만 겨루고 있는 침묵의 대화는 더 위험하다. 그래서 싸움은 때론 보약도 되는 것이다. 싸우고 막 대하고 나면 반드시 뒤에는 미안해지니까…….

그러나 침묵의 대화는 극한으로 치닫는다. 집을 나간다거나 우울증에 빠지거나 아예 희망을 닫아 버리거나.

정신과 전문의 이소영은 『마음의 매듭을 푸는 법』에서 심리적으로 이해받고 보호받아야 할 시기에 그 보살핌을 받지 못한 청소년은 어른이 되어서도 여전히 슬프고 불행한 청소년으로 남아 있다고 말한다.

그렇다면 엄마는 딸의 일생의 감정 상태에 불행을 심어 놓은 사람이 된다. 무서운 일이다. 이 매듭을 푸는 일에 온 힘을 기울여야 한다.

흔히 자기애적 성향이 강한 부모, 특히 엄마가 자식을 심리적으로 자신과 동일시하여 융합된 존재로 받아들이는 경우가 많다고 한다. 특히 주목할 것은 상호 의존적이 된 부모 자식은 한 팀을 이루어 선수와 코치로 활약하는 것이란다.

그럼 한 팀이 된 부모 자식이 경기 내내 이기기만 한다면 괜찮은 걸까? 그렇지 않다는 것이다. 설사 이긴다 하더라도 그 승리가 온전히 부모의 것이 되지 않을뿐더러, 그런 경기는 인생에서 이어지지도 않기 때문이다.

누구나 미숙한 삶을 산다는 것을 알아야 한다. 내가 아는 어떤 친구는 모자랄 것이 없고 겉으로 보기엔 누구보다 완벽한 행복을 가졌다. 그러나 아닌 모양이다. 그녀는 늘 우울하고 외롭다고 말한다. 아들딸을 훌륭하게 키운 그녀의 외로움을 나는 알겠다. 완벽하고 틈이 없는 생은 없으니까 말이다.

엄마는 결코 영원히 딸의 인생 코치로 있을 수 없다. 엄마가 바라는 그 성공에 닿지 않더라도 불행한 것이 아니라는 사실을 엄마가 먼저 깨닫고, 스스로 맨 사슬과 매듭을 완전히 풀 수 있을 때, 엄마도 딸도 행복할 것이다. 엄마가 행복하기 위해서도, 딸이 행복하기 위해서도, 강압적인 모든 행위는 금지다.

20등 하던 엄마, 20등 하는 딸 못 참는다

왜 엄마들은 자신이 이루지 못한 것을 딸에게 올가미를 씌워 이루려 하는 것일까.

공부를 못하면 일류 대학에 갈 수 없고, 과 선택에도 제한이 있으며, 좋은 직장에 취직할 수도 없을 것 같다. 그렇게 되면 좋은 남자를 만나는 데도 문제가 생길 것 같다. 그러면 딸은 일류가 못 되고 친구도 시시할 것 같고 행복도 놓칠 것만 같다.

42세 영진 씨는 딸이 둘이다. 영진 씨는 나름대로 공주처럼 자랐다. 경제적으로도 여유로웠고 외딸인 영진 씨를 부모님은 특별히 사랑했다. 그러나 영진 씨는 음악에도 미술에도 소질이 있었지만 전체 공부에서 밀렸다.

반에서 20등……. 엄마는 이것 때문에 전전긍긍했다. 학원도 다녔고, 집에서 영어, 수학 과외도 따로 받았다. 그런데 이상하게도 20등을 벗어날 수가 없었다. 고등학교 2학년 가을에 19등을 했는데 엄마가 활짝 웃으며 옷 한 벌을 사 왔다.

"그래, 하나씩 오르는 거야. 이제 시작이다."

그랬는데 다시 20등이 돼 버리곤 했던 것이다. 영진 씨 스스로 대학을 포기하기도 했다. 그래서 결국 지방대 미술대학에 들어갔다. 그런데 영진 씨는 늘 자신의 선택에 갈등을 느꼈다. 더 버티면서 더 치열하게 했어야 하지 않았는가 하는 문제였다.

영진 씨가 결혼하고 딸을 낳자 그때부터 그 아이를 공부 잘하는 아이로 만들고 싶었다. 그래서 남에게 보란 듯이 좋은 대학을 넣고 싶었다. 그때서야 자신의 엄마 마음을 알게 되었다. 때는 늦었다. 그러니 자신의 딸은 후회하지 않게 하고 싶었던 것은 어쩌면 당연한 일이다.

그런데 그 딸이 딱 18등, 19등을 벗어나지 못한다. 그래도 엄마보다는 조금 더 잘하는 편이다. 그러나 영진 씨는 미칠 것 같다. 별별 곳을 다 찾아다니고 자존심도 구겨 가며 1등짜리 엄마도 찾아 나선다. 한 달 지출은 물론 과외비로 다 쓴다. 딸 비위 맞추는 데는 선수가 되어 있는데도, 문제는 성적이 오르지 않는다.

영진 씨는 요즘 와서 더 바짝 말랐다. 때로는 폭식증이 찾아와 너무 먹어 토하기가 일쑤다. 영진 씨 자신도 어쩔 수가 없이 딸에게 매달린다. 19등을 도저히 못 참는 것이다.

"차라리 꼴찌를 해라, 등신……."

이 등신은 누구인가. 영진 씨의 엄마도 그런 소리를 속으로 천 번은 했을 것이다.

공부도 그렇다. 도저히 안 되는 사람이 있다. 그렇다고 1등 못 하면 사람 아닌가. 드라마가 더 재미있고 친구들과 이야기하는 것이 더 재미있고 영화가 더 재미있는 아이를, 책상 앞에서는 전혀 몰입이 되지 않는 아이를 어쩌겠는가. 더 성적이 떨어지지 않게 하고 아이를 즐겁게 하는 것이 무엇인지 찾아보고 새로운 방향을 정하는 것이 옳겠지만, 엄마는 죽어도 포기가 안 되는 것이다.

"도대체 왜 19등이야!"

그것은 엄마가 먼저 답을 해야 하지 않겠는가.

사람은 서로 다르게 살아가게 되어 있다. 19등을 하더라도 얼마든지 즐겁고 보람 있는 삶을 살아갈 수 있는 것이다.

그런데 우선 엄마는 딸의 19등을 견디지 못한다. 미칠 것 같은 것이다. 벗겨 놓고 패고 싶은데, 먹을 것을 접시에 담아 공손하게 먹으라고 말하면서 공부를 시키려니 온몸에 마비가 오는 것만 같다.

"나 이러다가 죽을 것 같아."

듣고 있는 남편은 더 염장을 지른다.

"저 알아서 살 텐데 왜 그래."

드디어 영진 씨는 참고 있던 울음을 쏟아낸다. 도무지 공부가 뭘까. 자존심일까. 언뜻언뜻 친구의 딸이 생각난다. 성적이 오르고 있다는데, 서울대나 연세대나 고려대라도 들어가면 어쩌나…… 별별 생각이 다 든다. 영진 씨는 착한 사람이었는데 친구 딸이 좋은 대학에 들어갈까 봐 걱정이 된다. 딸 키우다가 죄인 되겠다.

그러나 다시 생각해 보라. 영진 씨는 20등을 했지만 지금 잘 살고 있다. 공무원 남편을 만나 평범하게 살고 있다. 집도 있고 자동차도 있고 시골에는 남편 이름의 땅도 좀 있다.

다만 딸이 공부를 조금 못하는 것뿐이다. 그래도 20등보다는 잘하는 것 아닌가. 공부가 인생을 좌우할 것 같아도, 성적은 학교의 순위일 뿐, 인생의 순위는 아니지 않은가.

19등 하는 딸은 엄마보다 훨씬 더 잘 살 수 있다. 그렇다. 딸이 영진 씨보다 더 영리할지 모른다. 밝지 않은가. 19등을 가지고 실패라고 생각하지 않고 있지 않은가. 딸의 19등을 가지고 마치 인생이 끝난 것처럼 생각하는 것은 엄마다.

딸은 아직 대학생도 되지 않았다. 앞으로 겪어야 할 일들이 너무 많다. 그런데 엄마가 더 일찍 실망해 버리면 그것은 엄마의 욕망이 아이를 초라하게 만들고 있는 것이다.

딸은 앞으로 성장통을 겪으며 아파하고 실망하고 절룩이게 될 일들이 많다. 지금은 19등을 아파할 것이 아니라 밝고 용기 있는 자신감을 넘치게 주어야 할 때다.

어느 학교에 가더라도 성실하게 다시 공부하면 대학에서 제 갈 길을 찾아 뜻을 이루는 젊은이들은 얼마든지 있다. 영진 씨의 딸도 그렇다. 가능성의 문을 활짝 열어 놓아라.

19등. 좋은 등수다. 더 즐겁게 공부하자. 엄마도 잘 알고 있는 일이다. 잘 알면서 왜 딸 앞에서는 그렇게 고루하고 답답해지는가. 엄마가 깨어나야 한다. 엄마가 먼저 웃어라. 같이 한 권의 책이라도 읽는 게 좋다.

영국의 수능 문제는 "소크라테스의 대화법이란 무엇인가, 어떤 식으로 이루어지나."였고, 미국의 수능 문제는 "당신에게 영향을 미친 책을 말하라." "고교 시절 학과 활동은 무엇을 했으며 그것을 통해 무엇을 배웠나?" "당신의 장기적 목표에 대해 말하고 자신을 묘사하고 현재의 모습이 되게 한 과정을 설명하라."였다.

흔히 '바칼로레아'라고 하는 프랑스의 수능 문제는 어떤가.

"언어는 상호 소통을 위한 수단일 뿐인가."

"예술 작품에 대한 감수성은 훈련으로 가능한가."

"타인을 이해한다는 것은 무엇인가."

"진리는 상대적인 것인가."

"예술은 왜 인간의 삶에 필요한 요소인가."

"권력은 폭력을 쓸 수밖에 없는가."

우리나라 시험 문제와는 전혀 다르다. 딸들과 함께 책을 읽고 사회 문제에 대해 서로 이야기만 했어도 풀 수 있는 문제들이다. 왜 대학에 가야 하는지 수능 문제만 봐도 알 것 같다.

공부를 잘하면 좋겠지만 잘 못하더라도 아이의 막다른 골목이 아니라는 말을 엄마가 먼저 해야 하는 것이다. 그러면 딸의 인생도 웃게 될 것이다.

나도 같은 경험을 했다. 나는 내 딸들이 고등학교를 다닐 때 내가 해 주지 못한 것을 해 내라고 아이들을 볶았다. 적어도 전체 수석은 아니더라도 반 1등은 해야 하지 않느냐고 들볶았다. 그래야 지금 엄마의 한을 풀 수 있지 않느냐고……. 그 일은 늘 나를 부끄럽게 한다. 왜 딸들이 나의 한을 풀어야 하는가. 딸들의 인생을 살 수 있게 엄마는 건강만 지켜 주면 된다. 그런데 나는 그 아이들이 공부할 수 있는 여건과 감정 관리와 집안 분위기를 하나도 만들어 주지 못했다.

그리고 모든 것을 내 딸들에게 책임지라고 밀어붙였다. 시험이 끝나고 집에 들어와도 따뜻하게 손 한번 잡아 주지 못했다. 부엌에서 일하다 소리만 질렀다

"시험 잘 쳤나?"

오로지 성적만 걱정하면서 말이다. 딸의 감정과 아픔 따윈 생각하지 못했다. 물론 밥도 제대로 차려 주지 못했다. 아이들은 집에서도 늘 불안했다. 집에는 환자들이 많았고 늘 불안불안했다.

그러고는 왜 너희들까지 공부를 못하느냐고 윽박질렀다. 내 딸들은 착했다. 나 같으면 못 참았을 것이다. 가출이라도 해서 엄마를 골탕 먹이고 싶었을 것이다.

그러나 내 딸들은 오히려 엄마를 위로하면서 모범적으로 자라, 대학 졸업하고 연애하고 결혼하고 손주들까지 낳아 나를 기쁘게 해 주었다.

내 딸들은 서울대를 졸업하지는 못했지만 모범적인 사람으로 성장했다. 내가 그런 딸들에게 왜 1등을 못하느냐고 왜 너희들은 서울대를 가지 못하느냐고 계속 구박했다면 내 딸들은 지금 이 아름다운 평범조차도 갖지 못하지 않았을까.

나는 딸들이 가장 고맙다. 이 세상 눈감을 때 딱 한마디만 하고 싶다.

"나의 딸들아, 고맙다."

엄마들이여, 고민하지 마라. 반드시 당신들의 딸은 엄마보다 더 영특하게 자신의 삶을 이끌어 갈 것이다.

엄마!
나도 멋져?

 나는 젊은 날에는 사랑을 인생에서 가장 소중한 것으로 알았다. 사랑이 없다면 그것은 가짜라고 말했다. 삶의 가장 아름다움도 황홀도 사랑이었다. 의미도 가치도 사랑을 제외하고는 아무것도 아니라는 유행어에 나는 손을 들었다.

 왜 그렇게 생각했을까. 세상에는 돈도 있고 권력도 있고 명예도 있는데, 그리고 더 가까이는 가족이라는 눈부신 관계가 있는데, 왜 사랑이라는 무지개를 좇았을까.

 지금 생각하면 사랑이 없었던 엄마의 영향이 아니었을까 싶다. 엄마처럼 살지 않겠다는 나의 입버릇 속에 아마 나는 사랑 있는 삶을 살 거야, 라는 나름의 고집이 숨어 있지 않았을까.

사랑을 구걸하는, 사랑을 기다리기만 하는, 사랑의 빈곤자라는 이름으로 산 엄마와 반대로 사는 일이야말로 행복이라고 생각했을 것이다.

엄마는 그래서 '일'과 '권력'과 '돈'을 선택했다. 어디에도 사랑은 없었다. 엄마 입에서 자주 "남자 그거 별거 아니다."라는 말이 독한 어조로 딸 가슴에 화살처럼 날아들기도 했다.

여자도 공부를 해야 권력도 돈도 가질 수 있다는 엄마의 희망은 물론 엄마 살아생전엔 물거품이 되었다. 딸은 엄마가 생각하는 돈이며 권력은 속물 같기만 했던 것이다. 인간답게 사는 것은 사랑뿐이라고 생각했던 나는 엄마가 진저리를 치며 싫어했던 사랑타령으로 엄마에게 절망적인 모습만 보여주었다.

그런데 엄마는 왜 사랑이 없었으면서 사랑을 구하지 않고 딸들이 권력과 돈을 가지기를 빌었을까. 엄마를 얕보던 모든 세상사의 한을 풀기에는 사랑이 허약하다고 생각했을 것이다.

1960년대 정치인 박순천 여사를 신문에서 보면 엄마는 늘 그랬다.

"참 멋지다!"

나는 그 여자가 조금도 멋있어 보이지 않았는데 엄마는 그런 '힘'을 가진 여자가 멋지게 보였던 것이다. 나라를 다스리는 여자가 멋지게 보인 것은 단 하나, 남자를 부리는 대리 만족감 때문이었을 것이다.

세상을 놀라게 하고 눈을 감은 스티브 잡스의 메시지를 보면, 사랑하는 사람을 찾듯이 사랑하는 일을 찾으라고 말했다. 그리고 그는 돈은 중요하지 않다고 말했다.

"살아 보니 돈은 그렇게 중요하지 않더라. 매일 밤 잠자리에 들 때 오늘도 멋진 일을 했다라고 말할 수 있는 것, 그것이 중요하다."라고 했다.

"다른 사람의 삶을 사는 데 시간을 허비하지 말라. 중요한 것은 당신의 마음과 직관을 따르는 용기를 가지는 것이다."라고 했고 더욱 중요한 것은 "언젠가 죽는다는 것을 기억하라, 그러면 당신은 정말로 잃을 게 없다."라고 잡스는 말했다.

우리 엄마하고는 차원이 좀 다르다. 엄마는 돈을 벌어야 남들이 얕보지 않고, 무엇보다 꿈을 이룰 수 있다고 했으며, 자신이 좋아하는 일이 아니더라도 무슨 일이건 성공하고 나면 다 자신의 기쁨이 되고 남들도 인정해 준다는 이야기였다.

잡스는 남보다는 자신에게 중요한 것을 강조했고, 엄마는 남이 인정해야 옳은 삶이라고 말한 것이다. 엄마는 너무 당하고 살아서 기어이 무엇인가를 해서 남 보란 듯 살아 보는 것이 생의 큰 꿈이었던 것이다.

아무것도 이루지도, 이룰 것 같지도 않은 딸들을 보고 엄마는 갔지만, 엄마의 꿈은 딸들에게 다 저장되어 엄마가 바라는 꿈을 조금씩 벽돌 하나만큼씩 쌓아 갔는지 모르겠다.

사랑이 중요하다고 생각했던 딸에게도 이미 사랑은 허무하게 사라졌다. 나는 엄마에게 정말 사랑하는 남자와 서로 따뜻하게 손잡고 있는 모습을 보여 주고 싶었는데 그 일은 어려울 것 같다.

하지만 가슴 뛰는 일이 중요하다고 말한 천재의 말은 뜨겁게 남아서 '일' 아니면 별로 재미없는 세월을 보내고 있다. 엄마가 멋지다고 한 박순천 여사는 못 되어도, 그저 자기 일을 하는 딸로 열심히 살고 있는 나는 엄마에게 오늘도 물어본다.

"엄마! 나도 멋져?"

친정 엄마

 이 세상에 '친정 엄마'라는 말보다 더 따뜻한 말은 없을 것이다. 나에게도 친정 엄마가 있었다. 마음이 아파도 몸이 아파도 놀랄 일이 있어도 입에서 가장 먼저 나오는 말은 '엄마'였다. 결혼하고 엄마를 부르는 일이 더 잦았다.

 입에서 나오는 한마디는 늘 내 마음과 닿아 있었다. '엄마'는 너무나 큰 마음을 줄여서 만든 단 하나의 단어다.

 엄마를 생각하면 왜 눈물이 나는지…… 그것은 누구에게나 같은 정서다. 거기 친정 엄마라고 하면 고향, 어린 시절, 밥, 가족, 눈물, 따뜻함, 포옹, 사랑, 무조건의 믿음 등이 포함되어 있다. 애잔함과 마음 저림이 함께 오는 것도 엄마라는 단어다.

그 단어는 천만 번을 불러도 질리지 않는다. 그 엄마라는 단어를 베개 삼아 눕고, 그 엄마라는 단어에 가슴처럼 얼굴 묻고, 그 엄마라는 단어에 볼처럼 부비고 싶은 것이다.

그러나 그 엄마하고도 서로 감정 상하게 하고 거리를 두고 못되게 구는 딸들이 있는 것이다. 엄마가 말하면 툭 쏘아붙이고 얼굴 벌겋게 만들기도 하는 딸…… 나도 그런 딸이었다.

생각해 보면 참 많이도 엄마 속을 태웠다. 애가 타 잿더미가 되어 돌아가셨는지 모른다. 그래, 그랬다면 그것은 다 나의 탓이다.

고등학교 시절, 부산이었다. 나는 딸을 보러 온 엄마가 부끄러웠다. 나 하나를 위해 꼬박 하루 걸려서 버스를 타고 온 엄마 곁에 잘 가지도 않았다. 쪽머리를 하고 촌스럽게 입은 엄마가 창피했을까. 나는 어쩌다가 만나는 친구들에게 엄마가 아니라고 말하고 싶었다.

그래, 어디 그뿐인가. 대학을 거쳐 결혼까지 '이래도 안 죽어!' 하는 것처럼 엄마의 가슴에 골병을 들게 했다.

엄마가 눈감고, 나는 그제야 울기 시작했다. 엄마라는 존재가 얼마나 큰 것인가를 엄마가 죽고 나서야 알기 시작한 것이다. 그렇다고 내가 엄마 노릇을 잘한 것도 아니다.

결혼한 딸들에게 김치 한 번 담가 준 적이 없다. 주었다면 사서 주었을 것이다.

'바쁜 엄마', '아픈 엄마' 그것이 내 이름이다.

딸들이 아침에 전화를 하면 반드시 이렇게 묻는다.

"오늘은 별일 없어요?"

"목소리가 왜 그래? 아픈가 보네요."

내 딸들은 늘 나의 병치레 부근을 맴돌았을 뿐이다. 내가 친정 엄마라고 내 딸들이 내 앞에서 마음을 열고 위로받은 일도 없을 것이다. 좋은 딸 노릇을 미루었다면 좋은 친정 엄마라도 되어야 하는데, 생각해 보면 아 나는 참으로 미욱하고 상황에 맞지 않는 어리광쟁이에 불과했다.

내게 남은 과제는 좋은 친정 엄마가 되어야만 하는 것이다. 적당히 바쁘고, 적당히 아프고, 그리고 딸들의 힘겨운 일을 함께 들어 주는 엄마가 되어야 하는 것이다. 그것이 친정 엄마다. 내 딸들에게도 막다른 골목에 서 있는 순간이 왜 없겠는가. 어디 가면 좀 마음이 위로받을까, 왜 그런 순간이 없겠는가. 그때 나는 아니었을 것이다. 왜? 엄마는 늘 바쁘거나 아프니까……. 그런 엄마 찾아가 뭐하겠는가. 오히려 병 시중이나 들거나 청소라도 해야 하지 않겠는가.

방송 작가 고혜정 씨의 「친정 엄마와 2박 3일」은 유명한 연극 작품이다. 연극이 쉬지 않고 계속되고, 극장 안은 꽉 찬다. 그리고 배우나 관객이나 모두 함께 울음 파티를 하게 만든다. 누가 울고 싶거든 그 연극을 보라고 했다. 강부자 씨와 전미선 씨의 연기가 탁월하기도 하지만, 딸이건 엄마건 자신들의 마음속을 그리는 그 이야기를 보면 울지 않고는 앉아 있을 수가 없다.

늘 1등만 하고 똑똑하고 최고를 바라보며 사는 소위 일류인 잘난 딸이 병에 걸리고 시한부 인생이 되면서, 친정 엄마를 찾아가 마지막 시간을 보내며 진정한 혈육의 사랑을 발견한다는 이야기…….

어떻게 보면 뭐 특별할 것도 없는 흔한 이야기다. 그러나 엄마는 딸의 옷을 버리지 않고 곁에 두면서 딸의 냄새를 맡으며 그리워하고, 속상할 때 갈 곳이 있어야 한다고 언제나 딸을 기다린다.

결혼한 여자가 속상할 때 갈 곳이 없다는 것이 얼마나 서러운 일인지…… 엄마는 여기서 이렇게 상처 입고 갈 데 없어 찾아올 우리 딸들을 기다린 것이다.

친정 엄마란 영혼의 마지막 귀속처인지 모른다. 아무 도움도 안 되고 귀찮게만 하는 친정 엄마란 없는 게 더 낫다고 생각하는 똑똑한 딸이 있을지 모르지만, 그렇다. 친정 엄마는 절대로 추상적이지 않고 현실적으로 가슴으로 뛰어들 수 있는 영원한 귀속처인 것이다.

「친정 엄마와 2박 3일」이 그토록 많은 사람들에게 감동을 주는 이유는 딱 한 가지일 것이다. 누구나 친정 엄마가 그립고, 그리운 만큼 다 죄인으로 생각하기 때문이다. 이 세상에 엄마에게 '할 만큼 했다.'라고 생각하는 딸은 없을 것이니까. 연극을 보면서 반성하고 뉘우치고 가슴을 치고 울면서 죄를 씻어 내리고 싶은 게 아닐까. 누구나 자신을 그 연극에 나오는 딸처럼 못된 딸이라고 생각하고 엄마는 작별하게 되는 존재라는 것을 한 번 더 자각하고 싶은 게 아닐까.

어찌 되었거나 친정 엄마라는 말은 따뜻하다. 포근하다. 마음 상할 때 그곳에 뛰어들고 싶다.

나는 딱 두 가지다. 하나는 못된 딸이었고 엄마와 작별했고, 또 하나는 늘 딸의 마음을 헤아리며 기다리고 있는 엄마도 못 된다는 것…… 어쩌나…… 내 인생의 조율이 필요할 것 같다.

가까이, 더 가까이

2000년 미국에서, 다시 태어난다면 무엇을 가장 후회 없이 하고 싶으냐는 설문에 1위는 '공부'였고, 2위는 '가족을 후회 없이 사랑하고 싶다'는 것이었다.

공부를 더 열심히 해서 좀 더 나은 인생을 살고 싶은 것은 그렇다 쳐도, 가족에 대한 사랑은 왜 후회의 항목에 들어갔을까. 그만큼 후회의 무게가 컸다는 이야기다. 다시 사랑할 기회는 한마디로 없다. 후생이 있어 똑같은 사람을 만난다 해도 이미 그 사람은 아닌 것이다.

나도 그렇다. 사랑이 가장 후회일 것 같다. 내 경우 덜 사랑한 것이 1위이고 공부가 2위일 것 같다.

엄마가 그렇게 간절하게 공부하라고 했을 때 그렇게 했더

엄마와 딸

라면 더 자존심을 지키고 당당하게 살 수 있었을지도 모른다. 그러나 그보다 더 후회되는 것은 사랑이다.

남편이 죽고 세월이 흐르면서, 이상하다. 그가 나에게 잘못한 것보다 나에게 잘한 기억만 남게 되었다. 그 남자 때문에 울었던 적이 한생을 다해도 모자라는데, 지금은 그 남자 때문에 행복했던 기억만 남아 있다. 아주 작은 한 부분을 다 닳을 때까지 가슴에 안고 있다. 나도 그렇다. 그가 죽었지만 내가 그에게 행복하게 해 준 것이 많지 않다면 그도 아주 작은 부분을 기억하며 가슴에 품고 있을 것이다.

그렇다면 좀 더 잘해 주었어야 했다는 생각. 요즘은 자주 그런 생각을 한다. 하지만 이미 죽은 사람에게 어떻게 잘해 줄 수 있나. 하지만 방법이 있다.

지금 볼 수 있는 내 딸에게 잘해야 한다. 엄마 때문에 행복할 수 있게 해야 한다. 내가 죽으면 어려운 시간이 닥치더라도 엄마 때문에 행복했던 순간을 기억하면서 그 어려움을 극복할 수 있도록…… 그렇게 아름답고 따뜻한 엄마 기억으로 그 어떤 어려움도 잘 극복할 수 있도록…… 나는 그렇게 해야 한다.

남편에게는 이미 늦었지만 내 딸들에게는 결코 후회 없이 해야 하지 않겠는가. 내가 미력하므로 이렇게 생각하면서도 또다시 후회하는 생을 살까 봐 나는 불안하다.

나는 내 딸들, 사위들, 그리고 손주들을 생각하면 가슴이 저리게 아프다가도 온몸에 따뜻한 기운이 몰려온다. 이것만으로도 내 딸들은 충분히 엄마에게 사랑을 주었다.

심리학자들의 이야기를 들어 보면 대부분의 사람들이 모두 후회하면서 살지만, 인생 막바지에 가서는 모두들 하나같이, 한 것을 후회하기보다 하지 않은 것을 후회한다고 한다. '행동'보다 '비행동'을 후회한다는 것이다.

시간은 많지 않다. 누구에게나 그렇다. 시간은 우리가 정하는 것이 아니므로. 다만 오늘 내가 얼마나 사랑받았는가가 아니고 내가 얼마나 사랑했는가를 생각하며 살아야 할 것이다.

가령 말이다. 그래, 정말 가령, 엄마를 선택할 수 있다면, 어쩌면 내 딸들은 나를 선택하지 않았을 것이다. 내 딸들은 나처럼 우울하고 청승을 떨고 부정적이며, 스스로 행복하려고 들기보다 불행한 쪽으로 자신을 밀어 넣으려는 엄마를 선택하지는 않았을 것이다. 내가 갖지 못한 것, 명랑하고 긍정적이고 감정 조절도 잘하고 마음이 따뜻하고 엄마의 실질적 역할에 능한 엄마를 찾지 않겠는가. 딸들에게 시인 엄마란 그렇게 자랑거리는 아닌 것 같다.

그러나 나는 아니다. 지금 내 딸들이 나는 좋다. 딸들을 다시 선택하라고 하느님이 명령하시면, "그래요, 지금 이대로요." 할 것 같다.

나는 내 자질에 비해 많은 복을 받았다. 그러므로 지금 바로 내 가족부터 마음 표현을 하고 마음을 잘 쓰는, 그래서 나 때문에 딸들이 행복할 수 있게 나머지 힘을 발휘해야 한다. 내가 도무지 내 딸들에게 해 줄 수 있는 것이 무엇인가. 그저 내가 성실하게, 반듯하게 사는 것밖에는 줄 선물이 없다.

사랑이란 잘 살도록 돕는 것 아닌가. 딸들을 생각해서라도 내가 건강하고 행복하게 살면서 책임을 미루지 않는 삶을 사는 것이다.

그리고 끊임없이 딸들에게 다가가며 그들의 빈틈에 내 손을 쑥 집어넣을 수 있었으면 좋겠다. 나는 그러지 못했다. 딸들과 밥 먹고 돈을 낼 수는 있어도, 딸들과 한 이불을 덮고 장난스럽게 허리를 끌어안을 수 있는 가까운 관계는 아닌 것 같아 그것이 모두 엄마 탓인 것만 같아 후회스럽다.

갑자기 생활을 책임지면서 너무 긴장되어 나의 모든 여성성과 모성까지 굳어 버렸는지, 딸들을 안고 뒹굴고 장난을 해 본 기억이 없다. 그렇기에 이젠 가까이 더 가까이 웃는 모습으로 사랑하는 시간이 되기를 노력할 뿐이다.

내 딸들이 이 세상에 비굴해지거나 열등감 없이, 소신을 가지고 보람 있게 살아가기를…… 좋은 엄마로 지혜로운 아내로 신뢰받는 친구로 이웃으로 세상에 필요한 존재가 되고 특히 누구보다 질 좋은 신앙을 가지기를…… 내가 이 세상을 고요히 떠날 때 딸들에게 줄 사랑의 모든 것이 남아 있지 않기를…… 후회하지 않기를…….

세상에
단 하나뿐인
친구

 나는 딸들과 친하다. 남편이 저 높은 곳으로 가고 나서 함께 밥을 가장 많이 먹는 사람들이 내 딸들이다. 결혼한 딸들이 내 집 주변에 살기 때문에 거리로 보면 큰 무리는 아니다.
 그러나 같은 동네에 산다고 다 그런 것은 아니다. 마음이 그만큼 가까이 있기 때문이다. 딸들뿐만 아니라 사위들과 손주들도 모두 같이 밥 먹는 것을 좋아한다. 다 엄마에 대한 배려이다.
 그렇기에 말도 많이 한다. 정치, 경제 이야기에서 문화까지…… 우리들의 이야기는 집안 이야기를 거쳐 숱한 이야기의 밀림을 이룬다.
 딸들, 사위들과 격론도 벌인다. 그런 때에는 얼굴 붉히며 자기주장을 펴기도 한다. 속으로 '이것들이……' 싶을 때도 있다. 그러나 젊은이들이 생각하는 현실주의도 중요하므로 내가 뒤로 물러설 때도 있다.

딸들하고는 쇼핑이며 영화며 같이 돌아다니고, 어디 맛있는 스파게티가 있다고 하면 차를 타고 멀리 가기도 한다. 드라마 이야기도 하고 손주들 이야기도 하면서 나는 속으로 딸들에게 미안할 때가 많다.

나는 내 딸들이 자식을 키우는 것처럼 하지 못했다. 살아야 한다는 이유 하나로 딸들을 두고 집 밖으로 많이 돌고 돌았다. 그런 지난 이야기를 할 때도 있다. 같이 술을 마시면 딸들은 내가 취하는 것을 제일 싫어한다. 옛날이야기를 자꾸 꺼내기 때문이다.

내가 야단을 치면 꼼짝도 못하던 딸들이 이제 마흔을 넘으면서 완전 내 선생님들이다. 내가 하는 말의 꼬투리를 잡기도 하고, 내 말의 방향을 잡아 주기도 한다.

사람들은 '좋은 친구'라고 말해 준다. 맞다. 좋은 친구다. 실수할까 마음 졸이지도 않고 가장 편한 마음으로 대화할 수 있는 친구다. 내가 세상에서 가장 함께 밥을 많이 먹고 자주 만나고 말도 많이 하는 이런 친구를 어디서도 찾아볼 수 없다.

내가 가진 것을 다 주어도 아깝지 않고, 아니다, 어디 꾸어서라도 더 주고 싶은 친구들이며, 이 친구들에게 좋은 일이 생기면 눈물을 흘리며 감격하고 하느님께 감사드리며 기뻐한다. 이틀 동안 안 보면 목소리라도 들어야 하고 문자라도 주고받아야 마음 놓이는 친구들을 가지기는 어려운 일이다.

그래서 딸을 친구라고 하는 모양이다. 그런데 정말 친구인가, 나에게 혹은 딸들에게 물어보고 싶다. 그래, 정말 친구인가?

생각해 보면 그렇게 친한 친구는 아닌 것도 같다. 나는 더 깊은 이야기는 딸들에게 하기 어렵다. 가령, 내가 바쁘고 하는 일이 많지만 실제로는 외롭다고 딸들에게 말하지 못한다. 내 딸들은 내 마음을 이미 다 보고 있다. 그러나 나는 말하지 못한다. 사회생활이 속상하다는 정도로는 이야기하지만 속속들이 말하지 못한다. 내가 하는 일의 비중에 비해 내 능력이 부족하다는 말도 못한다.

그렇다면 내 딸들은? 하고 생각하다가 나는 놀란다. 내 딸들이야말로 나에게 안 좋은 이야기를 한 적이 없다. 딸들이 마흔을 넘기며 살아오기까지 참 많이도 어려웠을 것이다. 부부 문제며 자식의 교육 문제며 친구 이야기며 개인 감정의 이야기며 얼룩진 부분이 왜 없었겠는가. 그러나 내 딸들은 나에게 단 한 번도 이런 이야기를 한 적이 없다. 다 혼자 해결하면서 나를 만날 때는 깊은 이야기는 잠재우고 일상적인 이야기며 나를 걱정했던 이야기만 했던 것 같다.

친구란 무엇인가? 상대의 문제를 알고 그 문제를 해결하는 일에 정성을 다하고 이해하며 마음의 갈등을 풀어 주는 것이 친구라면, 나는 딸들에게 늘 나만 앞세우고 살았던 게 아닌가 생각하며 부끄럽다.

다른 사람의 눈에는 절친으로 보이지만 실상 나는 절친으로 딸들의 옆에 있어 주지 못한 것 같다. 밥 먹고 영화 보고 쇼핑은 같이 하지만 마음을 헌 적은 없다. 그렇다. 내 딸들이 제아무리 편한 삶을 살았더라도 어려운 고비가 있었을 텐데 나는 그런 것을 모른다.

그래도 친구인가? 엄마 친구는 이 대목에서 좀 슬프다. 그러나 친구라고 해서 반드시 자신의 모든 일을 다 허물없이 말하고 동의를 얻는 것은 아닐 것이다.

다만 엄마와 딸이 서로를 아끼며 하는 대화는 공기 속의 비타민처럼 우리 삶의 '피톤치드' 역할을 한다. 도시 한가운데 카페에서 커피를 마셔도 오대산 숲길을 거닐며 공기를 마시는 것 같은 청량감을 주는 것이 엄마와 딸의 대화다.

그냥 좋으니까. 편안한 안식처 같은 대화를 이것 말고 찾기 힘들 것이다. 혹여나 상대방이 마음 아플까 조심하면서 가능한 즐겁고 기쁘게 하려는 것이 엄마와 딸 사이에는 존재한다. 의식적으로든 무의식적으로든 엄마는 딸에게, 딸은 엄마에게 좋은 것을 주고 싶어 하는 마음이 전제하기 때문이다.

서로 행복하기를 바라는 심정이 바탕에 깔려 있어서 제아무리 속 깊은 이야기를 하지 않아도 다 안다는 사랑의 상식이 있는 것이다.

나는 만약 딸들이 없었다면 더 깊은 우울증에 시달리며 괴로워했을 것이다. 딸들이 없었다면 나는 나를 포기하는 데 서슴지 않았을 것이다. 스스로 절벽으로 가 몸을 던졌을 것이다. 내 상습적 우울이 극에 달해 일상으로 돌아오지 못할 수도 있었을 것이다. 나를 좀 더 나답게 만드는 데는 내 딸들의 의지와 내공이 크다.

나는 상식적으로 살려고 노력한다. 그리고 늘 도약하고 도전하고 오늘보다 내일이 더 개선되는 삶을 위해 노력한다. 이 의지는 어디서 오는 것인가. 딱 하나, 바로 내 딸들 때문이다.

내 딸들이 나를 구원한 것이다. 그러고 보니 그런 내가 좋아졌던 것이다. 세상에 이만한 축복이 없다, 라고 나 스스로 말한다. 나는 운이 좋다. 나는 행복한 엄마다. 그렇게 말하는 나는 강해진다.

나는 더 이상 내 젊은 날 딸들 때문에 살아야 했다는 이야기는 하지 않으려 한다. 왜? 이 세상 엄마들은 누구나 다 그렇게 살아왔기 때문이다.

엄마 손을 왜 약손이라고 했겠는가. 손을 잡고 호호 불어만 주어도 통증이 사라졌던 게 엄마가 아니었나.

내 외할머니는 우리를 싫어했다.

"저리들 비켜라. 지 에미를 못살게 하지들 마라."

내 엄마는 외딸이었는데 외할머니의 생명과도 같았다. 외할머니의 삶은 모든 것이 딸을 위한 기도였다. 그래서 외할머니는 늘 무릎을 꿇고 앉아 있었다. 무슨 특별한 종교가 없었던 외할머니는 무릎을 꿇는 것이 딸을 위한 겸허한 기도라고 생각했던 것이다.

외할머니가 한숨 섞인 소리로 말했던 한마디가 기억난다.

"니 에미가 내 벗이고 낙이다."

물론 그땐 무슨 소린지 몰랐다. 하나밖에 없는 딸이 친구이고 즐거움이었음을 안 것은 결혼 후였다.

구멍가게를 하던 외할머니라고 근심이 없었던 것은 아니었지만, 오직 딸 하나 잘 사는 것을 보고 싶었지만, 눈물 흘린 자국 그대로 돌아가셨다.

외할머니의 오직 하나뿐인 친구였던 내 엄마는 나를 친구라고 부르지도 못하고 돌아가셨다. 내가 상대를 해 주지 않았으니까. 그런 친구는 난 필요 없었으니까.

요즘 나는 피곤에 지쳐 죽을 만큼 외로울 때 하나뿐인 친구의 이름을 불러 본다.

"엄마……."

이만한 친구가 없다.

엄마와 딸

엄마와 딸의 노래

나는 때로 혼자 집에 있을 때 한잔 술을 마시고 노래를 부른다. 딸이 되기도 하고 엄마가 되기도 하고, 가사는 늘 변한다. 그때 그 심정을 나오는 대로 작사 작곡을 해서 소리 지르며 불러 댄다. 어떤 위로보다 속이 시원하다. 내가 18번으로 부르는 가사다.

>나의 딸들아 너희들을 사랑한다
>별과 모래 사이 그 많은 사람 사이
>너희가 내 딸로 와 준 것 감사하다
>내가 젊은 날에는 욕망으로 가득차서
>나는 잘 못 살고 너희들은 잘 살라고

너무 당부만 하고 살았다

가끔은 너는 틀렸다고 깊은 상처를 서슴지 않으며
이 아름다운 인연에 금을 그었다
용서해라 나의 딸들아
살아 보니 삶은 힘들고 외로웠다
고통의 터널을 지나가며 너희들의 이름을 불렀다

너희들의 이름을 부르는 그 순간
햇살이 나타나고 나는 아프지 않았다
살아 보니 이만한 사랑이 없었다
더러 외로워 더러 막막해서 한마디 원망을 하고 싶거든
나의 두 손에 넌지시 던져라
너희들 어둠은 내가 온전히 받아
저 별들에게 전해 주리라

엄마 사랑해요
엄마 미안해요
엄마 절 용서하세요

내가 마신 물은 엄마의 피였고
내가 씹은 음식은 엄마의 살이었어요
내가 아침에 깨어나 마신 공기는 엄마의 기도였구요

엄마의 사랑을 함부로 던지고 쉽게 밟아 버렸어요
엄마의 사랑을 사랑으로 받지 않고
나쁜 습관으로 치부하고 구기고 찢기도 했어요

엄마의 사랑으로 오늘 여자가 되어
이 세상에 가장 눈부신 엄마가 되고
이 세상에 사람의 힘을 키우는 아내가 되어
사람의 행복을 느끼며 살고 있어요

엄마 사랑해요
엄마 고마워요
엄마 절 용서하세요

딸에게
보내는
편지

내 딸들아.

'딸들에게'라는 제목을 놓고 나는 가장 많은 시간을 보냈다. 썼다가 지우기를 여러 번이었다. 가장 할 말이 많은데 도저히 시작을 어떻게 해야 할지 몰라 여러 날을 고민했다. 내가 너무 과장된 감정으로 시작하는 건 아닌지, 너무 사랑에 비해 미흡한 표현은 아닌지, 망설이면서 뒤척이면서 나는 열흘이 지나고서야 겨우 이렇게 딸들에게 보내는 편지를 시작한다.

나는 스물여덟에 엄마가 되었다. 태희가 태어나던 해이다. 노량진 어느 골목에 있는 작은 산부인과였다. 첫 아이라 산고가 너무 심해 엄마가 되는 것을 포기하고 싶었다.

그러나 그것은 포기하고 싶다고 포기되는 일이 아니었다.

나는 그렇게 태희를 낳았다. 너무 감격스러워 흘린 내 눈물은 아름답고 영웅적이었다. 땀이었는지 눈물이었는지 나는 내 몸에서 생명 하나를 탄생시켰던 것이다.

여자로 태어나 처음으로 젖을 물리면서, 나는 내 딸이 살아가야 할 내 나라가 좋은 나라가 되기를 빌었다. 그래 너무 감격스러워서 아직 단 한 번도 생각하지 못했던 내 나라의 건강을 빌었던 것이다.

겨우 내 개인적 감정이나 내 미래에 대한 갈등으로 고민하던 내가 나라 걱정을 한 것은 처음이었다. 엄마라는 이름은 사고를 폭넓게 해 주는 것이다. 내 딸이 살아갈 나라가 시시해서도 태만해서도 싸움만 해서도 안 된다는 절실한 생각이 나를 강하게 만들었다. 사랑은 그런 것이니까. 이제 나는 온전한 사랑을 하는 여자가 된 것이다. 울고 기다리고 불합리한 감정으로 자신을 괴롭히고 가지려는 욕망으로 괴롭던 그런 사랑이 아니라, 사랑의 대상이 행복하고 꿈을 이루며 살아가야 할 그 나라까지 영광되어야 한다고 생각하기 시작한 것이다. 그게 사랑이니까…….

내 딸들아.

태희를 키우며 나는 조금 행복했다. 내게서 태어난 생명이 사람으로 모양을 갖추며 자라는 것을 보는 일은 황홀이며 도

취이며 행복이었으니까.

그다음 해에 다시 두 번째 딸을 낳았다. 아림이었다. 두 번째는 아들이었으면 했지만 딸도 나는 좋았다. 시어머니에겐 죄송했지만. 아림이는 예쁘고 잘 놀았다.

두 번째라 관심 밖이어서 사진도 없고 옷도 없었다고 가끔 투덜대기도 하지만, 내가 엄마로서 조금씩 회의에 빠지기 시작했고 다가올 미래에 영 자신이 없는 시절과 통할지 모른다. 그 무렵 나는 위장이 심하게 아파 설 기운도 없는 환자이기도 했다. 그렇게 삶을 디디고 있는 내 두 다리가 허약하기 짝이 없었다.

많이 울기도 했다. 두 아이를 양팔에 끼고 이 세상에서 흔적 없이 사라졌으면 하고 생각할 때도 많았다. 그러다가 나는 생각했다. 아이가 하나 더 있으면 내가 더 이상 죽겠다는 생각을 하지 않을지 모른다고······.

그래서 셋째를 낳았다. 지현이었다. 1975년의 일이다. 또 딸이라니······. 시어머니와 남편은 너무 실망해서 아이를 제대로 바라보지도 않았다.

나도 그랬지. 아이가 보기 싫었다. 다음 날 다시 남자아이를 낳고 싶었다. 억울했다. 도대체 왜 나에겐 아들이 나오지 않았는지······.

그렇게 나는 아쉬움으로 너희들을 길렀다. 아쉬움에는 늘

오기가 있는 법이지. 나는 너희들을 똑똑한 열 아들 부럽지 않게 키우고 싶었어. 그렇지…… 정말 멋지게 말이다. 그런데 세 딸의 엄마로, 나는 별로 한 일이 없는지도 몰라. 생명은 세월이 길러 주는 모양이야. 시간이 흐르고 세월이 가고, 그러더니 태희가 아림이가 대학을 졸업하고 결혼을 하고, 드디어 아들의 엄마가 되었다. 지현이가 유학을 마친 후 어엿하고 아름다운 신부가 되어 좋은 남자와 결혼을 했다. 나는 사위를 셋이나 얻었다. 든든하다.

세월을 밀어 준 분이 있었다. 우리는 하느님을 믿는 사람들이다. 그런 믿음으로 태희는 벌써 마흔다섯이 되었고, 아림이가 마흔넷, 지현이가 서른여덟이 되었다.

글쎄…… 너희들이 여자 중년에 도달했구나. 어머나, 가 아니다. 오, 나는 그 세월에 감사한다. 너희들을 길러 낸 햇살, 바람, 공기, 그리고 기도에 감사한다.

그리고 너희들이 태어나 지금까지 살아오면서 직접적이든 간접적이든 폐를 끼친 모든 사람들에게 고개를 숙이며 죄송하고 감사하다고 나는 지금 말한다.

"감사합니다. 제 딸들은 여러분들이 다 키워 주셨습니다. 감사합니다. 그래서 저는 우리 딸들을 더 사랑합니다. 정말 감사합니다."

나는 지금 꼭 그렇게 고개 숙이며 모든 자연, 모든 사람들에게 절하고 싶어……. 나의 딸들아.

사랑하는 내 딸들아.

그러나 나는 너희들에게 죄를 지었다. 내가 직접적으로 지은 죄는 아니었지만 그래도 엄마로서 너희들을 울게 했다. 어린 시절이었다. 너희들이 일곱 살, 여덟 살, 그리고 열 살 이후에 엄마는 너희들 옆에 잘 없었다. 엄마는 목소리가 커지고 손목이 굵어지고 허리가 부풀어 오르는 억센 여자가 되어 가고 있었다.

나는 말했지. 지금은 너희들 옆에 있는 엄마가 되어서는 안 된다고. 세월이 가고 너희들이 정말 돈이 필요할 때 그 돈을 줄 수 있는 엄마가 되려면 지금 너희들 옆에 있어서는 안 된다고, 너희들이 하고 싶은 일이 있거나 꿈을 이루려면 지금 엄마는 이렇게 밤늦도록 일을 해야 한다고…… 그렇게 말하면서 너희들이 웅크리고 앉아 있는 모습을 생각하며 버스 안에서 울었다.

그리고 집에 가면 나는 지쳐 퉁퉁 부은 다리를 뻗고 누울 수 없었단다. 자고 있는 막내를 보면서 얼마나 울었는지……. 그리고 나는 밤새 할 일이 많았단다. 위로를 받지 못했으니까 사랑 따위는 나와 관계 없었으니까 나는 점점 더 억센 여자가 되어 갔다.

그러나 그때 너희들이 없었다면 나는 기꺼이 생명을 반납했을 것이다. 살 이유가 없었으니까. 너희들이 있어서 때론 웃고 때론 그 기갈의 땅에서도 미래를 생각하곤 했지.

솔직히 말해서 아이를 낳았다는 것이 너무 큰 짐이기도 했다. 그러나 나는 그 짐을 등에 지고 백두대간이라도 기어오르려는 의지가 있었다. 정말 그 힘은 어디에서 왔는지 몰라.

너희들에게도 사춘기가 오고 대학생이 되면서 현실을 바로 보는 눈이 뜨이기 시작했지. 그러나 나는 이 말을 기억한다.

"엄마는 세상에서 가장 좋은 옷 입고, 세상에서 가장 좋은 것 드세요."

너희들이 어른이 되면서 엄마에 대한 이야기가 때론 수위가 높아져 내가 듣기에 영 거북한 소리를 할 때 나는 이 말을 생각하지. 딸과 엄마는 때론 너무 탁 트고 말하는 사이라 내가 혹은 너희들이 아픈 곳을 건드릴 순간이 있기도 하는 것이야.

나는 지금도 가장 좋은 옷, 가장 좋은 음식을 먹고 사는 것은 아니지만 너희들이 해 준 그 따뜻하고 상큼한 말을 언제나 기억하며 행복해한단다. 그 말로 나는 지난 상처와 아픈 시절의 기억들을 잊기도 한단다.

마치 좋은 것만 할 수 있는 특허라도 딴 사람처럼 으쓱해지기도 한다니까. 뭐 전쟁에 나가 나라를 구한 것도 아니지만 그래, 너희들은 정말 잘 모른다. 서른다섯의 여자가 아이를 데리고 혹한의 거리를 방황하는 순간들을······. 아니, 너희들은 안다. 너희들은 엄마를 보지 않았니.

그런데 말이야, 그런데······ 그런데······ 나는 늘 너희들 앞에 내 고통을 이야기했어. 그 시절 너희들의 고통을 말한 기억은 별로 없다. 이것은 너무 미안한 일이야. 죽기 전에 너희들에게 엄마보다 더 무섭고 슬펐던 날들에 대해 엄마가 미안하다고 말하고 싶다.

나는 늘 나에게 집중되어 있었어. 그때 너희들은 얼마나 무서웠니? 이렇게 물은 적이 없다. 배고프지는 않았니? 그렇게 물어본 적도 없다. 늘 큰소리가 나고 아빠도 할머니도 아프고 엄마는 집에 없고······ 그래서 먹는 것은 어떻게 되었는지 우리는 서로 묻지도 못하고 살아왔다.

그것을 생각하면 너무 아파. 그 생각만 하면 지금도 심장이 터져 버릴 듯 아프다.

"너희들은 엄마처럼 살면 안 돼. 근사하게 살아야 해. 반드시, 반드시······."

근사한 삶이란 하늘에 뚝 떨어져 있는 것이 아니라 늘 현실과 닿아 있는 것이지만, 엄마는 너무 절박해서 너희들의 가슴에 꽉 박히게 해 주고 싶었어.

너희들은 이제 인생 중반에 왔다. 세상 볼 줄도 알고, 더불어 살 줄도 알고, 이해와 양보도 알고 있다. 가족이 얼마나 소중한 가치인지도 알고 있어. 내가 목숨을 다해 늘 말하고 실천한 것은 가족애였다. 너희들은 그것을 잘 안다.

그래서 너희들은 언제나 가족 모임에서 보이지 않는 아빠를 기억하고 아빠가 동석한 것처럼 아빠 이야기를 해. 또한 고맙다. 남편으로서는 10점이었다면, 아빠로서는 100점이었다는 것은 너희들이 잘 아는 일이야.

좋은 아빠였고 좋은 할머니였다. 한평생 아들에게 맨발을 보여 주지 않았던 단정한 할머니였잖니. 9년을 누워 있어도 언제나 자기 관리에 소홀하지 않았다는 것은 대단한 분임을 말해 주는 것이다.

너희들이 함께 살았던 가족에게 진심을 다해 준 일에도 감사한다. 아빠한테 가는 일을 단 한 번도 찡그리는 일 없이 음식을 준비해 가는 모습에 늘 감사한다.

나는 요즘 너희들에게 배운다. 뭐 스승이 멀리 있겠니. 그런 너희들이 나에겐 너무나 소중한 스승이란다.

사랑하는 내 딸들아.

그래, 한 여자의 생이 저물고 한마디만 할 수 있는 여유가 있다면, 나는 너희들을 향해 "딸들아." 이렇게 말하고 눈을 감을 것 같아. 그런 날 내가 너희 이름을 각각 부르지 않더라도 이해해라. 이름을 부른다면 너희들 가족 이름을 다 불러야 하는데 아마도 힘이 없을지 몰라. "딸들아."라는 말 속에 "미안해, 사랑해, 고마워."가 다 들어 있다는 것을 잊지 말기를.

기억난다. 언젠가 평화방송 인터뷰에서 태희에게 엄마 몰래 편지를 쓰라고 했지. 방송 중에 느닷없이 딸이 편지를 보냈다고 하는 말에 나는 조금 두려웠다. 아니 가슴이 뛰었어. 도대체 태희가 뭐라고 했을까, 겁이 났던 거지……. 그런데 그 편지를 아나운서가 읽는데 눈물을 펑펑 쏟았지. 그 눈물을 그칠 수가 없었어.

엄마.

이렇게 편지 쓰는 거 정말 오랜만이야. 좀 쑥스러워요. 어릴 때 여행 가시는 엄마 가방 속에, 꾸중 듣고 나서 엄마 책상 서랍 속에 작은 편지 넣어 놓고 엄마 표정 살피던 것 생각나네요.

그땐 어린 내 눈에도 엄마가 너무 힘들고 고통스러워 보여서 일로 늦으시는 날이면 혹시 이대로 영영 안 들어오시는 건 아닐까 불안해하기도 했어요.

좀 더 컸을 땐 안 돌아오셔도 괜찮다고, 우리 엄마도 행복했으면 좋겠다고 생각하기도 했고요.

주말 저녁 가족끼리 둘러앉아 아빠 얘기, 지난 얘기 할 때면 밤늦도록 할 말들이 얼마나 많은지, 우리 모두 눈물 나도록 웃을 일뿐이에요. 우리 가족 모두 서로에게 큰 위로가 되어 주었기 때문이겠죠.

엄마 제가 벌써 마흔이 되었어요.

때때로 남편이나 아이들 때문에 속상할 때면 엄마를 생각해요. 현명하게 잘 이겨내서 내가 이룬 행복한 가정을 엄마에게 보여 드리고 싶어요.

며칠 전 엄마가 강의하시는 모습을 직접 볼 기회가 있었어요. 딸들에게는 소녀 같고 따뜻한 엄마지만, 강의하실 때의 당당하고 멋진 모습, 가슴 뭉클하게 자랑스러웠어요.

엄마 곁에 가장 좋은 친구로 남기를 바라는 큰 딸이에요.

언제나 감사하고 사랑해요.

2008년 가을
태희 올림

나는 방송이 끝나고도 너무 많이 울었어. 아, 어려도 다 알고 있었구나. 엄마가 제대로 못해 준 것은 한마디도 하지 않은 것도 내 딸 태희의 인간다움이라는 거 안다. 이 편지는 성모상 앞에 지금까지 놓여 있어. 태희 편지를 읽으면서 좀 더 좋은 엄마가 되어야지, 마음을 다스리고 힘을 내곤 한단다. 이 또한 너희들이 없었다면 도저히 경험할 수 없는 일이라는 것 아니?

이제 나는 나이가 들었어. 너희들이 아무 생각 없이 하는 이야기에도 울컥 서럽기도 하고 아프기도 하고, 너희들의 단순한 말 한마디에 용기를 내기도 하는 것 보면 나도 나이가 들었다. 그래서 나는 이제 집안일을 혼자서는 결정하지 못해. 매일 너희들에게 묻는다. 묻는 엄마가 나쁘지 않다.

때로 너희들이 둘러앉아 웃는 것을 보면 '그래, 이제 더 무엇이 필요하겠는가.'라고 나는 생각한다. 그 옆으로 사위들이, 그 옆으로 손주들이, 왁자하게 웃고 있는 것을 보면 '그래, 여기 오느라 그렇게 내 다리가 아팠구나.' 하고 생각한단다.

그뿐이겠니. 딸들과 새벽 미사를 가서 나란히 앉아 함께 성호를 그으면 '아, 주님, 저는 죄인이온데 어찌 이런 복을 주십니까?' 하고 속으로 울먹인단다. 가슴이 너무 벅차서 행복의 우듬지에 오른 것 같아서…… 훨훨 날 것 같아서……. 그래, 고맙다. 고맙다. 미안하다. 미안하다. 지금처럼 가족을 우선으로 사랑하며 살고 이웃을 도우며 살아가자.

내 딸들아, 사랑한다. 내 딸들아, 사랑하는 내 딸들아.

신달자

1943년 경남 거창에서 태어났다. 숙명여대 국문과를 졸업하고 동 대학원에서 박사 학위를 받았다. 1964년 《여상》에서 여류신인문학상 수상과 함께 등단한 후, 1972년 박목월 시인의 추천으로 《현대문학》에서 재등단했다. 평택대 국문과 교수, 명지전문대 문창과 교수를 역임했다. 『봉헌문자』, 『아가』, 『아버지의 빛』, 『오래 말하는 사이』, 『열애』, 『종이』, 『살 흐르다』, 『북촌』 등의 시집이 있으며, 『시인의 사랑』, 『너는 이 세 가지를 명심하라』, 『나는 마흔에 생의 걸음마를 배웠다』, 『미안해 고마워 사랑해』, 『여자를 위한 인생 10강』 등 다수의 에세이집이 있다. 대한민국문학상, 시와시학상, 한국시인협회상, 현대불교문학상, 영랑시문학상, 공초문학상, 김준성문학상, 대산문학상 등을 수상했으며, 2012년 대한민국 은관문화훈장을 수훈하였다. 현재 한국시인협회 회장, 한국문학번역원 이사로 재직 중이다.

엄마와 딸

1판 1쇄 펴냄 | 2012년 12월 28일
1판 12쇄 펴냄 | 2021년 6월 8일

지은이 | 신달자
발행인 | 박근섭, 박상준
펴낸곳 | (주)민음사

출판 등록 | 1966. 5. 19. 제16-490호
서울특별시 강남구 도산대로1길 62(신사동) 강남출판문화센터 5층 (우편번호 06027)
대표전화 02-515-2000 / 팩시밀리 02-515-2007
www.minumsa.com

ⓒ신달자, 2012. Printed in Seoul, Korea
ISBN 978-89-374-8636-4 (03810)

* 잘못 만들어진 책은 구입처에서 교환해 드립니다.